Es ist noch nicht lange her, da erzählte man sich in Briefen von Liebe und Leid, von weiten Reisen und Abenteuern, schrieb sich die Sorgen von der Seele, erteilte freundschaftliche Ratschläge und erzieherische Empfehlungen. Auf der anderen Seite wurden diese Briefe mit verzehrender Sehnsucht, großer Neugier, heimlicher oder offen bekundeter Freude erwartet. Die Gründe, warum Frauen zur Feder griffen, waren unterschiedlich, doch war die Leidenschaft, mit der sie es taten, die gleiche. Stefan Bollmann stellt in diesem Band Briefeschreiberinnen aus fünf Jahrhunderten vor, wie Caroline Schlegel, George Sand, Vita Sackville-West, Jane Austen oder Ingeborg Bachmann, und erzählt anhand ihrer Briefe und deren Eigenheiten ein Stück weiblicher Kulturgeschichte.

Stefan Bollmann, geboren 1958, studierte Germanistik, Theaterwissenschaften, Geschichte und Philosophie und promovierte mit einer Arbeit über Thomas Mann. Er arbeitet als Lektor, Autor und Herausgeber in München. 2005 und 2006 erschienen seine Bestseller *Frauen, die lesen, sind gefährlich* und *Frauen, die schreiben, leben gefährlich* im Elisabeth Sandmann Verlag.
Außerdem sind erschienen: *Warum lesen glücklich macht* (it 4221), *Frauen, die lesen, sind gefährlich* (it 4258), *Frauen, die schreiben, leben gefährlich* (it 4295) und *Frauen, die lesen, sind gefährlich und klug* (it 4328).

insel taschenbuch 4368

Stefan Bollmann

Die schönsten Frauenbriefe

Der 2008 im Elisabeth Sandmann Verlag erschienene Originalband wurde für die Taschenbuchausgabe gekürzt.

Erste Auflage 2015
insel taschenbuch 4368
Insel Verlag Berlin 2015

Vertrieb durch den Suhrkamp Taschenbuch Verlag

Umschlag, Innenseiten und Satz:
Pauline Schimmelpenninck Büro für Gestaltung, Berlin
Druck: *CPI – Ebner & Spiegel, Ulm*
Printed in Germany ISBN 978-3-458-36068-1

STEFAN BOLLMANN

»Briefe liebe ich, für Briefe lebe ich«

Die schönsten Frauenbriefe

Mit einem Vorwort
von Thekla Carola Wied
und Hannes Rieckhoff

Insel Verlag

Inhalt

Vorwort

von Thekla Carola Wied und Hannes Rieckhoff 9

»Schau, wie ich Dich liebe«

Briefe der Leidenschaft 16

Elizabeth Barrett und Robert Browning 20

Madame de Sévigné an ihren Vetter, Monsieur de Coulanges 35

Julie de Lespinasse an den Comte de Guibert 42

Caroline Schlegel an Friedrich Wilhelm Joseph Schelling 50

George Sand schreibt ihre Briefe
an Alfred de Musset nachträglich um 55

Božena Němcová an Josef Němec, ihren Mann 63

Vita Sackville-West schreibt an Virginia Woolf 67

»Was für ein Leben!«

Briefe der Freundschaft 74

Lady Mary Wortley Montagu an ihre Schwester 78

Jane Austen an ihre Schwester Cassandra 83

Virginia Woolf und Katherine Mansfield 91

Ingeborg Bachmann an Hans Werner Henze 99

»Lebe wohl, geliebtes Kind«

Briefe der Mutterliebe 104

Maria Theresia an Marie Antoinette 108

Madame Roland aus dem Kerker an ihre Tochter Eudora 114

Johanna an Arthur Schopenhauer 118

Calamity Jane, im Wilden Westen unterwegs, schreibt an ihre Tochter 125

Marina Zwetajewa an ihre Tochter im Arbeitslager 129

»Ich brauche jetzt neue Inspirationsquellen«

Briefe des Aufbruchs 134

Maria Sibylla Merian an den Naturforscher Johann Georg Volckamer 138

Gertrude Bell an Horace Marshall 143

Amrita Sher-Gil an ihren Vater 148

Nachweise 154

Personenregister 157

Bildnachweis 159

Vorwort

von Thekla Carola Wied und Hannes Rieckhoff

Stadt Backnang
Oberbürgermeister
7150 Backnang, 29.4.1991

Sehr verehrte, liebe Frau Wied,

an jenem Abend in der schwäbischen Provinz, wo die durchaus wohlmeinenden Menschen auch zwischen den Sätzen der Sonate klatschen, hätte ich mich gerne länger mit Ihnen unterhalten. Ich hoffe übrigens, daß Sie mir den Hinweis auf unseren gemeinsamen Jahrgang 1944 nicht übelgenommen haben! Aus irgendeinem Grund fand ich es angenehm, daß wir gleich jung oder von mir aus auch gleich alt sind. Ich bin auch sehr zufrieden damit, daß ich offenbar zur seltenen Spezies derer gehöre, die Sie nicht gekannt haben. Vielleicht besitzen Sie das Bändchen mit den Li-Tai-Pe-Nachdichtungen schon. Es war, wie gesagt, meine erste Begegnung mit Klabund. Als ich es las, waren wir beide sechzehn!

Ich fände es schön, Sie wiederzusehen.
Ihr
Hannes Rieckhoff

Hotel Residenz Berlin,
5.5.1991

Sehr geehrter Herr Rieckhoff!

Ihr liebenswerter Gruß aus Backnang hat Freude und Überraschung ausgelöst. Seien Sie herzlichst für den Li Tai Pe bedankt, ich besitze ihn nicht. Ist es nun dem OB von Backnang anzulasten, daß seine begeisterungsfähigen Mitbürger in ihrem musikalischen Eifer jeden Satz beklatschen?? Sollte da etwa eine kulturelle – konzertbezogene – Aufklärungsarbeit verabsäumt worden sein? Wahrscheinlich. Was bei der Jugend dieses OB gar kein Wunder wäre! Fehlt es ihm vielleicht noch an Erfahrung und Praxis? Da er ja so jung bzw. alt ist, wie ich es bin, vermag ich zu beurteilen, wieviel man noch lernen muß, um weiterhin dieselben Fehler zu machen. Im übrigen ist mir auch völlig klar, welche Gefahr es für mich bedeutet, überhaupt mit Ihnen zu korrespondieren: Mit einem frühreifen 16jährigen, der sich in diesem zarten Alter schon mit chinesischer Lyrik beschäftigte, während ich verstohlen Maupassant, Flaubert, Zola und Micky Maus las. Spricht man nicht immer von den Folgen der frühkindlichen Erlebniswelt? Nun gut. – Sie fänden es schön, mich wiederzusehen – nicht als Frage formuliert, sondern als emotionale Äußerung, die ich ebenso emotional mit einer Frage beantworte: Warum denn nicht?

Es grüßt Sie sehr herzlich – mit der gebotenen Zurückhaltung –
Ihre
Thekla C. Wied

Es mag sein, dass es in der deutschen Brief-Literatur schon originelleres Schriftwerk gegeben hat, aber selten so Folgenschweres: Ein Jahr nach diesem romantischen Entrée als Resonanz auf meine Klabund-Lesung mit dem beziehungsreichen Titel »Wo andre gehen, da muß ich fliegen« waren wir verheiratet. Wir sind es noch immer. Am Anfang war also der BRIEF, und so blieb es acht Wochen lang, bevor wir uns wiedersahen. Noch heute ist das Gespräch in Briefen ein wichtiger Teil unseres Lebens.

Meine Liebe zum Brief und zur Brieflektüre hatte keinen selbstbestimmt-lustvollen Ursprung. Von einer Entdeckung dieser Leidenschaft konnte keine Rede sein. Vielmehr wurde ich – kaum, dass ich des Schreibens mächtig war – vom preußisch strengen Vater zum Briefeschreiben mit mehr als sanfter Gewalt angehalten. Anteilnehmende, den Care-Paketen beigefügte Verwandtschaftsbriefe aus Amerika oder spätere elterliche Ermahnungen mussten stets penibel, dankbar und angemessen gehorsam beantwortet werden. Aber wie das so ist mit frühen Pflichtübungen, sie haben oft eine ungeahnte und lebenslange Wirkung.

Was Briefe in ihrer Gleichzeitigkeit von Ferne und Nähe bedeuten können und wie sie zum Seelen-Führer für die Schreibenden werden, habe ich in aller Intensität erstmals empfunden, als ich mich auf meine Filmrolle der »Clara Schumann« vorbereitete. So schrieb Clara an Robert Schumann drei Jahre vor ihrer so schwer erkämpften Heirat im Dezember 1837: *Ein paar Zeilen zu dem Fest, was so viele glücklich feiern, wir getrennt und doch vereint. Möchtest Du das Fest recht zufrieden und glücklich verleben. Ich bin in der Fremde und feiere es doch in der Heimat – meine Heimat ist bei Dir.*

Der Reichtum an bewegenden persönlichen Bekenntnissen und der schöpferische musikalische Austausch in den Briefen zwischen Clara, Robert und später Johannes Brahms haben mir die Annäherung an diese große Frauenfigur der musikalischen Romantik überhaupt erst ermöglicht. Erwächst nicht sogar aus dem Geschenk, durch Briefe in fremde Leben Einblick nehmen zu dürfen, ein tieferes Verständnis künstlerischen Schaffens?

An Theodor Fontane kommt kein Liebhaber der Briefkunst

deutscher Sprache vorbei, und einen Ehe-Briefwechsel, der mit dem Fontane`schen vergleichbar wäre, sucht man in der deutschen Literatur vergeblich. Kaum vorstellbar heute, dass der beruflich zu häufiger Abwesenheit gezwungene Ehemann seiner Frau, die mit Kindern gesegnet und von Geldnot geplagt ist, auch noch präzise »Ordre« erteilt, wann, was und wie sie zu schreiben habe: *Ich schreibe am Sonnabend wie immer, und Du antwortest am Montag.*

Für den Montag verbat sich der Gatte unerfreuliche Nachrichten, die ihm die ganze Woche verderben würden, und er bat dringlich, das Alltägliche vom Außerordentlichen zu trennen. Seine Ansprüche an Form und Stil der pünktlich erwarteten Antworten waren reichlich keck; denn *hingefludderte* Schreiben mochte er nicht lesen. Immerhin hat Fontane durch diese liebenswürdige Anmaßung seine Frau Emilie zu Antwortbriefen von ungezwungener Natürlichkeit und literarischer Originalität provoziert.

Sie waren stets notwendige Kommunikationsbrücke, unerlässliche Lebenshilfe, zärtliche *Urkunden des Herzens* und immerwährendes Bekenntnis ihrer unerfüllten Sehnsucht in den langen Zeiten der Trennung. Für Theodor war das Briefeschreiben Lebenselexier, Ausdruck einer *tiefen, so recht aus dem Herzen kommenden Humanität* und künstlerische Passion. Emiliens *Herzenstheo* ist auch meiner, und das nicht nur in meiner Eigenschaft als Berlinerin mit brandenburgischen Wurzeln.

Briefe von eher fragwürdigem pädagogischem Wert schrieb Johanna Schopenhauer an ihren nachmals weltberühmten Sohn Arthur. Von mütterlicher Liebe war wenig zu spüren, sie beurteilte ihren *superklugen* Filius äußerst kritisch, an Egozentrik waren sich allerdings beide ebenbürtig. Womit sie ihn brieflich malträtierte, war nicht dazu angetan, in seiner »Welt als Wille und Vorstellung« dem weiblichen Geschlecht den naturgemäßen Platz einzuräumen. So schreibt sie ihm aus Weimar im Sommer 1807: *Du siehst nun, wie es mit Deiner eingebildeten Menschen- und Weltkenntnis steht. ... Wenn Du Dich nicht änderst, wird es noch härter kommen, und Du wirst vielleicht sehr unglücklich werden ... Du bist kein böser Mensch, Du bist nicht ohne Geist und Bildung ..., aber dennoch bist Du überlästig und unerträg-*

lich und ich halte es für höchst beschwerlich, mit Dir zu leben: alle Deine guten Eigenschaften werden durch Deine Superklugkeit verdunkelt ..., bloß weil Du die Wut, alles besser wissen zu wollen, überall Fehler zu finden, außer in Dir selbst ... nicht beherrschen kannst ... Du dauerst mich, ich weiß, Du bist nicht bösartig, und gelingt's mir nur einmal, Dir anschaulich zu machen, wie und wo Du fehlst, so bist Du geborgen. Jeder der berüchtigten »Blauen Briefe« richtete vermutlich weniger Schaden an als dieses Zeugnis »wahrer Mutterliebe«.

Der russische Schriftsteller Anton Tschechow (1860–1904) und die Schauspielerin Olga Knipper-Tschechowa (1868–1959), mit der er seit 1901 verheiratet war. Das Bild zeigt die beiden im Jahr ihrer Eheschließung.

Nun muß ich aber ins Theater, auf Wiedersehen bis zum nächsten Brief, mein lieber Schriftsteller. Der klassische Briefschluss einer vielbeschäftigten Mimin an ihren Geliebten. Olga Knipper, Schauspielerin am Moskauer Künstler-Theater, und Anton Tschechow, genialer Dramatiker, der sich aus gesundheitlichen Gründen meistens auf der Krim aufhielt, führten ein Leben in Briefen. Nur fünf Jahre einer verzichtreichen Gemeinsamkeit – von 1899 bis zu Tschechows Tod 1904 – waren dieser Liebe gegönnt. In Hunderten von Briefen erleben wir eine zärtliche, leidenschaftliche, oft von Missverständnissen gequälte und sich immer wieder in Komik rettende außergewöhnliche Beziehung.

Knipper, Petersburg, 15. März 1901 nachts: *Gerade habe ich im 4. Akt der Schwestern grauenvoll gespielt; verzeih mir, Autor. Verdamme mich nicht. Ich konnte kaum das Ende der Vorstellung abwarten. In den letzten Tagen habe ich mich schwach gefühlt, habe dreimal am Tag Baldrian mit Brom genommen. Danach ging es mir besser ... Ich küsse Dich, mein Anton, und umarme Dich; untersteh Dich zu husten.*

Tschechow, Jalta, 16. März 1901: *Die Literatur habe ich ganz aufgegeben, und wenn ich Dich heirate, dann werde ich Dir befehlen, das Theater ganz aufzugeben, und wir werden zusammenleben wie Plantagenbesitzer. Du willst nicht? Nun gut, dann spiel noch fünf Jährchen, dann werden wir weitersehen ... Ich umarme Dich hundertmal, Du Verräterin, und gebe Dir einen dicken Kuß. Schreib, schreib mir, meine Freude, sonst werde ich Dich, wenn ich Dich geheiratet habe, tüchtig verprügeln.*

Wenn ich Olga Knippers Briefe lese, durchlebe ich alle Ängste, Krämpfe, Besetzungsstreitereien oder Misshelligkeiten mit Kollegen, aber auch die rauschhaften Glücksmomente, eben die ganze Berg-und-Tal-Fahrt, die ein Schauspielerleben ausmacht.

Schreiben wir uns heute noch Briefe, die später zum kulturellen Erbe und Reichtum unserer Epoche gezählt werden? Erkundigen wir uns bei Theodor W. Adorno, der schon 1962 raunte: *Wer in unserer Zeit noch Briefe schreiben kann, muß über archaische Fähigkeiten verfügen. Aber eigentlich lassen sich keine Briefe mehr schreiben.*

Gewiss, wenn wir heute in den Briefkasten schauen, finden wir überwiegend unerwünschte Reklame, Hinweise des Pizza-Service auf rasche und kostengünstige Nahrungsmittel, Sushi-Empfehlungen für kalorienbewusste Abende, Einladungen zu subkulturellen Events oder Bekleidungsvorschläge ortsansässiger Modehäuser. Manchmal sogar handschriftliche Bitten von Hausgenossen, den Hund ab 20 Uhr ruhigzustellen. Selten aber einen persönlichen, einfallsreichen oder emotionalen Brief. Das letzte Wort über die Qualität unserer heutigen Kommunikationsformen ist jedoch noch nicht gesprochen. Machen wir ein kühnes Gedankenexperiment: Würde es die Substanz der Mitteilung schmälern, wenn Robert Schumann von Clara ein Fax erhalten hätte: *Immer mehr fühl ich es, daß mein Leben nur für Dich ist, alles ist mir gleichgültig außer der Kunst, die ich in Dir finde; Du bist meine Welt, meine Freude, Schmerz, alles, alles …*

Oder hätte die mütterliche Suada auf Arthur Schopenhauer weniger verheerend gewirkt, wenn er sie in Form einer E-Mail erhalten hätte? – Eben klingelt's. Ich will rasch zum Briefkasten. Ich weiß, es ist ein Brief meines Mannes: handschriftlich, informativ, aufbauend, liebevoll, lehrreich und witzig wie eh und je!

Porträt der jungen Clara Wieck, spätere Schumann.

»Schau, wie ich Dich liebe«

Briefe der Leidenschaft

Oftmals ist der Liebesbrief die einzige Sorte Brief, für die ein Mann jemals in seinem Leben zu Papier und Stift greift. Der dänische Philosoph Sören Kierkegaard wusste, warum. Der Brief sei und bleibe ein unvergleichliches Mittel, auf ein junges Mädchen Eindruck zu machen, meinte er vor nun beinahe 150 Jahren. Dabei sind Liebesbriefe beileibe keine männliche Domäne. Sie sind es so wenig, wie Verführung Männersache ist. Bestenfalls ist es rührend altmodisch, Liebesbriefe von Frauen von vorneherein mit so zarten Fingern anzufassen, als wäre es prinzipiell auszuschließen, dass sich hinter der sprichwörtlichen »blassblauen Frauenhandschrift« der heftige Wunsch verbirgt, den Empfänger zu entflammen. Im Gegenteil: Die Indirektheit der Briefform kommt jenen subtileren Spielarten der Verführung höchst gelegen, die nicht gleich mit der Tür ins Schlafzimmer fallen und die wir traditionell für eher weiblich halten. Kierkegaard jedenfalls war der Meinung, dass »die persönliche Anwesenheit« keineswegs der »Ekstase« (so sein Ausdruck) immer förderlich sei: der Verwechslung des konkreten Briefschreibers nämlich »mit einem universelleren Wesen«, das der Liebe innewohne; man könnte auch schlichter sagen, mit dem Mann oder der Frau ihrer beziehungsweise seiner Träume. Sei man lediglich im Briefe gegenwärtig, könne der andere einen leichter ertragen, ja mehr noch, der Brief leiste bis zu einem gewissen Grade einer Verwechslung Vorschub, die der Verführung äußerst förderlich sei.

Briefe, auch und gerade Liebesbriefe, schreibt man einander gewöhnlich, um Phasen des räumlichen Getrenntseins zu überbrücken. In diesem Fall ist der Brief ein Mittel der Kompensation – motiviert durch den Wunsch, die Verbindung auch dann aufrechtzuerhalten, wenn die oder der Geliebte durch Abwesenheit glänzt. Schon aus dieser Skizzierung seiner Funktion lässt sich ersehen, warum das Briefeschreiben so stark im Kurs gefallen ist und weiter ins Bodenlose zu fallen droht; denn seit es Telefon, Fax und E-Mail und SMS gibt, lässt sich die Verbindung viel direkter, spontaner und bequemer halten – ohne den räumlichen und zeitlichen Umweg über die Schrift und den Postweg zu nehmen.

Auch und gerade am Liebesbrief wird aber noch eine andere Funktion des Briefverkehrs sinnfällig: Verbindungen nicht nur zu halten, sondern aus der ersten oberflächlichen Verbindung, etwa einer Zufallsbekanntschaft, ein tiefer gehendes Verbundensein entstehen zu lassen. Hier geraten Kurzformen wie SMS oder E-Mail, aber auch das Telefongespräch rasch an die Grenze ihrer Möglichkeiten. Brief kommt etymologisch zwar von lateinisch *brevis* (kurz), aber wie es ein »zu lang« gibt, das aus einem Brief eine Abhandlung macht, gibt es auch ein »zu kurz«, jedenfalls wenn es um mehr geht, als nur Verspätungen mitzuteilen und einander Hallo zu sagen. So lässt sich im Rahmen einer SMS kaum ein differenziertes Bild der eigenen Empfindungen und Gedanken zeichnen – dazu bedarf es schon einer etwas komplexeren Syntax und vor allem der stillen Stunde und eines ruhigen Ortes, die es einem erlauben, gerade das zur Sprache kommen zu lassen, was sich in der Geschäftigkeit des Alltags eben nicht sagen lässt. Und wenn auch dem Brief seit der Antike bescheinigt wird, die schriftliche Mitteilungsform mit der größten Nähe zur Mündlichkeit zu sein, ist und bleibt der Brief doch ein Schriftstück, versehen mit allen Tugenden, die einem schriftlichen Umgang innewohnen: nicht direkt, sondern zeitversetzt antworten zu können und dabei nicht nur in tiefere Schichten des Empfindens vorzustoßen, sondern auch ein wenig Klarheit in sein Fühlen und Denken zu bringen. Wer in einer Liebesbeziehung auf brieflichen Austausch angewiesen ist, mag den Mangel an Spontaneität und Gegenwart, den das mit sich bringt, bedauern. Dafür gewinnt seine Liebe einen Grad von Reflektiertheit, der eine neue Dimension von Vertrautheit und Verbundenheit entstehen lässt.

Liebesbriefe, meinte Roland Barthes, würden nach Art eines musikalischen Themas eine einzige Botschaft variieren: »Ich denke an Dich«. Da scheinen Eintönigkeit und hochtrabende Phrasen beinahe unvermeidlich zu sein. Briefe der Leidenschaft, so der Titel dieses Kapitels, lässt hingegen schon anklingen, dass die Sache dort abwechslungsreich zu werden beginnt, wo Disharmonie oder Unerfülltheit das Bild bestimmen – etwa weil die Konventionen eine Verbindung unmöglich machen; weil die Liebe unerwidert bleibt oder die des anderen nicht von der gleichen Intensität ist; weil einer von beiden oder gar beide anderweitig gebunden sind und heimlich zugesteckte Briefe die Liebe nähren; weil Eifersucht oder romantische Illusionen der Überwindung von Eifersucht im Spiel sind oder weil die starke Anziehungskraft auch starke Konflikte mit sich bringt.

Das beinahe schon klassische Beispiel für einen Briefwechsel, der ein Liebesverhältnis auf den Weg brachte, stammt aus dem London des viktorianischen Zeitalters und führt unter den südlichen Himmel, in das freiere Leben des italienischen Florenz. Ich meine den Briefwechsel der Dichterin Elizabeth Barrett und des Dichters Robert Browning, mit dem ich, unter Vernachlässigung der Chronologie, dieses Kapitel über den Liebesbrief auch eröffnen möchte.

Wie ich dich liebe

Elizabeth Barrett und Robert Browning

Zwischen dem 10. Januar 1845 und dem 19. September 1846, also im Verlaufe von gut 600 Tagen, wechselten die beiden in London lebenden Dichter 537 Briefe, das macht im Schnitt nahezu einen pro Tag, wobei das Hin und Her erst allmählich Fahrt aufnahm und der Ausstoß später an manchen Tagen zwei und auch mehr Briefe betrug. Scheinbar begann alles damit, dass der in begüterten Verhältnissen aufgewachsene, frei von materiellen Sorgen lebende Robert Browning, dessen Werke allerdings von der Kritik zunehmend mit harschen Worten bedacht wurden, seiner sechs Jahre älteren Dichterkollegin Elizabeth Barrett einen Brief schrieb, in dem er ihr neues Werk in höchsten Tönen lobte. Das ist unter Kollegen nicht unüblich und verfolgt auch die Absicht, sich der Wertschätzung des anderen zu versichern. Zumal wenn es sich, wie in diesem Fall, um Englands bedeutendste lebende Dichterin handelte, wie die nämliche Kritik angesichts der neuesten Veröffentlichungen von Elizabeth Barrett geurteilt hatte. *Ich habe Ihre Verse von ganzem Herzen lieben gelernt, liebe Miss Barrett*, beginnt Robert Browning seinen Brief, um ihr gleich zu versichern, dass er ihr nicht um irgendwelcher Komplimente willen schreibe, sondern weil ihre starke, lebendige Dichtung ein Teil seiner selbst geworden sei – *keine Blume ist darunter, die nicht Wurzel geschlagen und in mir weitergeblüht hätte*. Damit nicht genug: Gleich im ersten Brief steigert er sich zu dem unerwarteten Bekenntnis: *Ich liebe diese Bücher mit meinem ganzen Herzen – und ich liebe auch Sie.*

Bevor noch Robert Browning zu Feder und Papier griff, um Elizabeth Barrett den ersten Brief zu schreiben, hatten die beiden längst begonnen, »Witterung« aufzunehmen. Den ersten Schritt hatte die Dichterin getan, als sie in ihrer Ballade »Lady Geraldines Verlöbnis« die Empfehlung aussprach, einer Angebeteten, um sie zu entflammen, einen von Robert Brownings ›Granatäpfeln‹ vorzulesen. »Glocken und Granatäpfel« (*Bells and Pomegranates*) war der Titel eines Gedichtbandes von Browning, der bei der Kritik als zu dunkel durchgefallen war. Elizabeth Barrett hingegen begründete ihre Empfehlung, Brownings Granatäpfel als Verführungsmittel einzusetzen mit dem poetischen Hinweis, ein Granatapfel zeige, *wenn man tief in die Mitte schneidet, ein Herz, dessen Adern vom Blut der Menschheit gefärbt sind.*

In seinem Brief, der eine Antwort auf diese Huldigung ist, erzählt Browning, dass er vor Jahren einmal ganz nahe daran gewesen sei, die Dichterin zu sehen, und er dramatisiert in seiner Schilderung die verpasste Chance zu einem unwiederbringlichen Verlust, als habe sich die Tür zum Allerheiligsten einmal ein Stück weit für ihn geöffnet – nur ein Vorhang war noch beiseitezuziehen, und er hätte eintreten können –, doch da schloss sich der enge Zutritt wieder, *und das Gesicht sollte niemals mehr kommen*. Auch Browning war bekannt, dass Elizabeth Barrett eine kranke, ans Bett gefesselte Frau war – ein Umstand, der ihre Person mit der Aura des Geheimnisvollen umgab und ein Gutteil zu ihrer Prominenz beitrug. Die Gerüchte besagten, sie habe sich in jungen Jahren bei einem Reitunfall schwer verletzt und sei zur gleichen Zeit an Tuberkulose erkrankt. Seitdem lebe sie das Leben einer Schwerkranken, deren Gram noch durch den frühen Tod des geliebten Bruders gesteigert worden sei. Es hieß, sie sei beinahe bewegungsunfähig, verlasse niemals das Haus, in dem ihre Eltern, insbesondere ihr Vater, über sie wachten, und habe außer Arztvisiten und seltenen Besuchen jeglichen Kontakt zur Außenwelt verloren.

Es ist also von Anfang an etwas Unerledigtes und zugleich Verheißungsvolles in dieser Beziehung, die sich erst einmal ausschließlich im Medium des Briefes entwickeln wird. Bereits am Tag darauf hält Robert Browning Elizabeth Barretts Antwortbrief in den Händen, in dem sie seine hohen Erwartungen mit dem Hinweis dämpft, wäre er damals bis an ihr Krankenbett vorgedrungen, hätte er sich womöglich verkühlt oder aber zu Tode gelangweilt und sich tausend Meilen weit weg gewünscht. Das sich hier bereits andeutende Widerspiel von Überschwang und Abkühlung, von Schwärmerei und sanfter Zurückweisung wird schnell zum Motor des Briefwechsels der beiden. Er prescht vor, sie weicht ein wenig zurück, aber niemals zu weit, als dass er aufgeben müsste, und aus dieser Gegenläufigkeit ihres Verhaltens heraus entsteht ihre Liebe, wird stärker und schließlich verbindlich. Sie verführen sich gegenseitig, er sie durch sein Drängen und seine Beharrlichkeit, sie ihn durch ihren Widerstand, aber auch das sich darin äußernde Selbstbewusstsein.

Nur zu verständlich, dass Elizabeth Barrett Angst davor hatte, was passierte, wenn der Mann, zu dem sie sich mehr und mehr hingezogen fühlte, sie in ihrer Gebrechlichkeit zu Gesicht bekam – würde er sich abwenden, oder würde ihn, beinahe noch schlimmer, in Zukunft nicht mehr seine Empfindung, sondern seine Verantwortung leiten und ihn befangen machen? Immer wieder zögerte sie eine Begegnung hinaus, um die er sie unablässig bat, und willigte nach gut vier Monaten dennoch ein. Am 20. Mai 1845 um 3 Uhr nachmittags stieg Robert Browning schließlich die Treppen zum dritten Stock des Hauses an der Wimpolstreet Nr. 50 in London empor, in dem seine Brieffreundin ihr Zimmer hatte. Und entdeckte dabei, dass sie weniger schlimm krank war, als er befürchtet hatte, während sie ihn wohl besser aussehend fand, als die von ihm existierenden Porträts vermuten ließen. Er blieb eineinhalb Stunden, und setzte alsbald eine Liebeserklärung an sie auf – der einzige Brief der beiden, der sich nicht erhalten hat. Denn ihre Antwort war eindeutig oder schien es jedenfalls: *Sie wissen nicht, was für Schmerz Sie mir bereiten, wenn Sie so wild daherreden. Er habe ihr einige leidenschaftliche Dinge gesagt, die er bitte weder wiederholen noch widerrufen werde, sondern sogleich und für immer vergessen; und so werden Sie zwischen Ihnen und mir allein sterben, wie ein Druckfehler zwischen Ihnen und dem Setzer. Und das werden Sie um meinetwillen tun ... , weil es eine notwendige Bedingung für die zukünftige Freiheit unseres Verkehrs ist.*

Browning erbat daraufhin seinen Brief mit der Liebeserklärung zurück und vernichtete ihn. Er hätte in dieser Situation kaum etwas Besseres tun können; denn unter dieser Voraussetzung willigte Elizabeth Barrett in eine Fortsetzung des Briefwechsels ein, der nun auch von ihrer Seite zusehends freier und leidenschaftlicher wurde. Auch seine Besuche nahmen ihren Fortgang, dehnten sich bis fünf, schließlich bis sechs Uhr aus.

Es geschah kaum lediglich aus Konvention und Anstand, dass Elizabeth Barrett, zu diesem Zeitpunkt immerhin schon neununddreißig Jahre alt und also ein »spätes Mädchen«, den Avancen des Kollegen eine derart harte Abfuhr erteilte. Die wirklichen Gründe, die dabei eine Rolle gespielt haben, waren indessen vielschichtiger Natur. Während aus Brownings Sicht das Briefeschreiben nur den Auftakt für eine reale Begegnung bildete, hätte sie es am liebsten dabei belassen und die Beziehung so lange wie möglich ausschließlich auf Ebene der Briefe weitergeführt. Für ihn waren das Treffen und

Robert Browning war überzeugt davon, dass Elizabeth seinem Werben nachgeben sollte, und so ließ er trotz einer deutlichen Abfuhr seiner Angebeteten nicht nach. Und seine Liebe war es schließlich, die Elizabeth Barretts Gesundheitszustand so stark verbesserte, dass sie mit 43 Jahren sogar noch Mutter wurde.

der anschließende Antrag nur die natürliche Konsequenz daraus, dass man sich brieflich einander nähergekommen war und die Begegnung die entstandenen hohen Erwartungen alles andere als enttäuscht hatte. Für sie aber bedeutete es einen Bruch, der noch dadurch verstärkt wurde, dass die Folgerung, die Robert Browning aus ihrem Treffen zu ziehen können meinte, gleich beide Ebenen vermengte, indem er ihr nun wieder per Brief seine Liebe erklärte. Sie wollte einen Freund und Ratgeber, der sich mit ihr auf jenem Feld austauschte, auf dem sie sich einem Mann gewachsen fühlte: der Poesie. Und wie kann man sich besser über geschriebene Verse austauschen, als darüber schriftlich zu kommunizieren, etwa in Form von Briefen? Er aber war im Begriff, das delikate Gleichgewicht ihrer Beziehung zu zerstören, indem er jene Trennung von Leben und Poesie nicht mitmachte, die sich für sie bislang als so hilfreich erwiesen hatte.

Zu dem Gefühl der Überrumpelung kam der Eindruck, dass Browning sie nicht ernst nahm

Was wollte dieser Mann von einer kranken, im Prinzip bettlägerigen Frau, wo er doch die Seele einer Dichterin haben konnte?

Einige Monate später, als Robert Browning das Risiko einging, sich ihr ein zweites Mal zu erklären, gab sie seinem Werben nach. Zu diesem Zeitpunkt hatte ihre Beziehung schon eine ganz andere Form gewonnen, sowohl durch viele weitere Briefe, deren Tonfall und Inhalt zunehmend persönlicher geworden war, als auch durch zahlreiche Begegnungen, die sich an die erste angeschlossen hatten. Während ihr Roberts erste Liebeserklärung so vorgekommen war, als wolle er mit ihr spielen, war sie mittlerweile davon überzeugt, dass es Aufrichtigkeit war, die ihn dazu bewegte, ihr seine Liebe anzutragen. Nicht länger ein Eroberer und Verführer, der ihren Widerstand herausforderte, trat ihr hier entgegen, sondern ein liebender Mann, der für seine Gefühle keinerlei Gegenleistung erwartete und gerade deshalb für sich einnahm.

Es ist offensichtlich, dass bei ihrer anfänglichen Ablehnung auch eine Angst vor der Ehe eine Rolle gespielt hat, die beiden als die unausweichliche Konsequenz eines Liebesverhältnisses erschien. Es war weniger die Sorge darum, mit Robert Browning in eine Situation materieller Abhängigkeit zu geraten, die ihren Lebensentwurf einer Existenz als Dichterin in Frage gestellt hätte. Wenn die beiden später doch ein gemeinsames Leben führen, werden sie in der Hauptsache von ihrem Vermögen leben, in Regierungsanleihen und Schiffsbeteiligungen angelegte Gelder, die ihr die Großmutter väterlicherseits und ein Onkel vermacht hatten. Anders als ihre Schwestern und Brüder war Elizabeth Barrett nicht auf das väterliche Vermögen zur Bestreitung ihres Lebensunterhaltes angewiesen. Die Befürchtungen, die die Enddreißigerin in ihrer abgeschiedenen Kammer umtrieben, hatten mehr mit einem grundsätzlichen Misstrauen demgegenüber zu tun, was alle Welt Liebe nennt. Nicht, dass sie an die Liebe nicht glauben wollte. Aber für das, was gewöhnlich unter ihrem Namen passierte, hatte sie kaum mehr als Verachtung übrig.

Später wird sie schreiben, es komme ihr vor, *dass ein unabsichtliches Missverstehen des Gefühls der Liebe auf wundersame Weise allgemein verbreitet sei, und kein Missverständnis hat so furchtbare Folgen – keins kann sie haben.* Kaum eine unter den elementaren menschlichen Gefühlsregungen, womit Frauen wie Männer die Liebe nicht schon verwechselt hätten, natürlich in bester Absicht. Elizabeth Barrett zählt auf: Eigenliebe, Großmut, Bewunderung, Mitleid, Eitelkeit, Schutzbedürfnis, Statusverlangen ...Und sie klagt: *Die Ehen zu sehen, die jeden Tag geschlossen werden! Schlimmer als Einsamkeiten – und trostloser! Im Fall der beiden glücklichsten, die ich je gekannt habe, sagte einer der Männer im Vertrauen zu einem meiner Brüder ..., er hätte »sich durch die Heirat die Aussicht verdorben«; und der andere sagte zu sich selber im Augenblick, als er sein ungewöhnliches Glück beteuerte: »Aber ich hätte genauso gut daran getan, nicht gerade sie zu heiraten.«* Im Fortgang des Briefes verschärft sich der Ton der Anklage. Elizabeth Barrett spricht nun von einem *System der Männer* gegen die Frauen, das selbst weibliche Falschheit und Berechnung zu entschuldbaren Reaktionen mache. *Warum sind Frauen zu tadeln, wenn sie handeln, als hätten sie es mit*

Schwindlern zu tun? – ist es nicht der bloße Selbsterhaltungstrieb, der sie dazu zwingt? ...Und eure »ehrenhaften« Männer, noch die freimütigsten unter ihnen – haben sie es sich nicht zur Regel gemacht ..., dass sie eine Frau mit allen Mitteln zwingen, ihre Liebe zu gestehen..., ehe sie selbst das Risiko eingehen, die persönlichen, erbärmlichen Eitelkeiten aufs Spiel zu setzen?

O – wenn man sieht,
wie diese Dinge
von Männern eingefädelt werden!

Elizabeth Barrett scheint von dem Gefühl einer grundsätzlichen Schieflage in der Liebesbeziehung zwischen Männern und Frauen durchdrungen gewesen zu sein, gegen die kaum etwas auszurichten war. Das Grundübel der Ehe, so formuliert sie an einer anderen Stelle, bestehe in einer Asymmetrie, die schon lange vor der Heirat beginne: dem Machtzuwachs auf »seiner« und dem Anrennen dagegen auf »ihrer« Seite. Dass dieser Kampf gar nicht zu gewinnen sei, daran hatte sie zu diesem Zeitpunkt keine Zweifel.

»Es ist klar, dass die Frau durch ein Zusammenwirken von Umständen schwach und erniedrigt wurde«, heißt es in Mary Wollstonecrafts berühmter Schrift »Verteidigung der Rechte der Frau« aus dem Jahr 1792, die Elizabeth Barrett bereits im Alter von sechzehn Jahren gelesen hatte. Wollstonecraft hatte argumentiert, dass die Herabwürdigung der Frau ihre Wurzeln nicht in ihrer Natur, sondern in einer Sozialisation habe, die nicht für geistige Ausbildung sorgt, sondern lediglich geschicktes Anpassungs- und Unterwerfungsverhalten fördert. Zugleich hatte sie den Frauen aber auch ein gerütteltes Maß Mitschuld an ihrer Unmündigkeit gegeben. Zu viele Frauen machten in ihren Augen gemeinsame Sache mit denen, die ihnen auf den ersten Blick huldigten, sie auf den zweiten aber verachteten. So forderte Mary Wollstonecraft am Ende nichts weniger als eine Revolution des weiblichen Verhaltens.

Als sie Mitte zwanzig war, notierte Elizsabeth Barrett in ihr Tage-

buch: »Träumte letzte Nacht davon, verheiratet zu sein, hatte soeben geheiratet. Große Pein, die Verbindung wieder aufzulösen. Kaum jemals habe ich meinen Zustand des Alleinseins mit mehr Genugtuung betrachtet als beim Aufwachen! – Ich werde niemals heiraten«. Zu diesem Zeitpunkt hatte sie bereits zwei Bücher mit Gedichten veröffentlicht und ihre Werke erschienen regelmäßig in literarischen Zeitschriften. Sie war auf dem besten Wege, »das angeborene Recht der Freiheit«, von dem Mary Wollstonecraft gesprochen hatte, für sich zu verwirklichen, allerdings indem sie in Kauf nahm, dass das eigene Buch der Liebe bis auf einige wenige Zeilen praktisch leer blieb.

Da ihr die eigene Erfahrung fehlte, wurden die Bücher anderer, insbesondere von Frauen geschriebene Romane, umso wichtiger, um sich eine Vorstellung davon zu machen, was Liebe noch sein könnte außer Unterwerfung unter das Zwangssystem der konventionellen Ehe. Robert Browning gestand sie einmal, *ganz scharf auf Romane* zu

---

Brownings literarische Werke wurden besonders von der englischen Künstlergruppe der Präraffaeliten geschätzt. Sein Gedicht »Love Among the Ruins« inspirierte Edward Burne-Jones 1894 zu einem Gemälde mit dem gleichnamigen Titel.

sein, sie nicht wegen ihrer literarischen Qualitäten zu lesen, sondern aus purem Genuss an der erzählten Geschichte. An George Sands Roman »Lélia« faszinierten sie vor allem die für damalige Verhältnisse äußerst freizügigen Beschreibungen weiblichen Begehrens; wie keine Schriftstellerin vor ihr hatte die skandalumwitterte George Sand, deren Dreiecksverhältnis mit dem Dichter Alfred de Musset und dem Arzt Pietro Pagallo halb Europa in Aufregung versetzt hatte, eine Sprache für die sinnliche Leidenschaft der Frau gefunden.

Leidenschaft war indessen nur eine Dimension jener Suche nach einer vom Zwang zur Unterwerfung befreiten Liebe, auf die sich damals viele, gerade gebildete Frauen in Europa machten. Der andere, nicht minder wichtige Aspekt war jene Ebenbürtigkeit von Mann und Frau, deren Anerkennung vor Mary Wollstonecraft bereits die Französin Olympe de Gouges gefordert hatte und wofür diese auf dem Schafott gelandet war.

Elizabeth Barrett war nur bereit, eine Leidenschaft zu akzeptieren, die gleichermaßen von Achtung getragen war. Das war keine Frage der Moral oder gar der Unterdrückung von Neigungen, wie man in einer verbreiteten Missdeutung des Phänomens der Achtung vermuten könnte. Es meinte vor allem Respekt vor dem anderen auch in solchen Dingen, wo er anders war als man selbst, und es meinte darüber hinaus und nicht weniger wesentlich, Selbstachtung. Insbesondere diese war Elizabeth Barrett nicht bereit preiszugeben um der Liebe willen – wobei ein wesentlicher Grund dafür sicherlich das Verhältnis zu ihrem Vater war, das gerade nicht von gegenseitiger Achtung geprägt war, sondern ihr bedingungslose Unterwerfung abverlangte.

Sicher ist die Gefahr nicht zu übersehen, dass Liebende wie Elizabeth Barrett und Robert Browning, die ihre Liebe in erster Linie in Briefen ausleben mussten, zur Idealisierung des anderen neigen. Andererseits kann der Mangel an Abstand zueinander, wie er für Liebesbeziehungen typisch ist, das Festhalten an eingefahrenen Verhaltensformen begünstigen. Im Fall von Elizabeth Barrett und Robert Browning hat sich die erzwungene Distanz und die Beschäftigung mit dem eigenen Seelenleben und dem des anderen, wie sie ein Briefwechsel mit sich bringt, jedenfalls beflügelnd ausgewirkt. Fast möchte man meinen, dass die beiden in ihren 537 Briefen eine Art von wechselseitiger Psychoanalyse (im wörtlichen Sinne der Seelenzergliederung) betrieben haben, lange bevor diese als Therapieform aufkam. Keine Gesprächs-, eine Briefkur hat schließlich zur Genesung beider Beteiligten geführt: Er wurde von seinem Lebensekel, sie von ihrem in vieler Hinsicht psychosomatischen Leiden kuriert, das man einige Jahrzehnte später als Neurasthenie bezeichnet hätte und in vieler Hinsicht auch auf die regelmäßige Einnahme von Opium seit ihrem fünfzehnten Lebensjahr zurückging. Schon nach den ersten Wochen ihres Briefwechsels konnte Elizabeth Barrett Robert Browning berichten, dass sie zum ersten Mal nach Jahren wieder das Haus verließ, anfangs zu kurzen, später auch zu längeren Spaziergängen.

Bevor es zum Happy End kam, das die beiden Liebenden in eine fünfzehnjährige, nach allem, was wir wissen, glückliche Ehe entlassen sollte, waren jedoch noch erhebliche Schwierigkeiten aus dem Wege zu räumen.

Der eigentliche Verursacher von Elizabeth Barretts Leiden war ihr tyrannischer Vater

Denn neben dem System der Männer galt es noch ein weiteres System zu neutralisieren, das sich als Teilmenge des ersten betrachten lässt: das System der Väter. Man wird sagen müssen, dass der eigentliche Verursacher von Elizabeth Barretts Leiden ihr tyrannischer Vater war, der von seiner Familie absoluten Gehorsam verlangte. Seinen Töchtern, die längst im heiratsfähigen Alter, wenn nicht darüber hinaus waren, hatte er jeden Umgang mit Männern untersagt, sofern zu ihnen nicht verwandtschaftliche Beziehungen bestanden, und auch seine Söhne mussten sich strikt an seine Weisungen halten, wenn sie nicht riskieren wollten, dass ihnen der Geldhahn zugedreht wurde.

Allerdings verbanden Elizabeth Barrett mit diesem autoritären Vater durchaus ambivalente Gefühle, eine Art Hassliebe, die auf eine tiefe Schuldverstrickung zurückging, aus der sie sich erst durch den

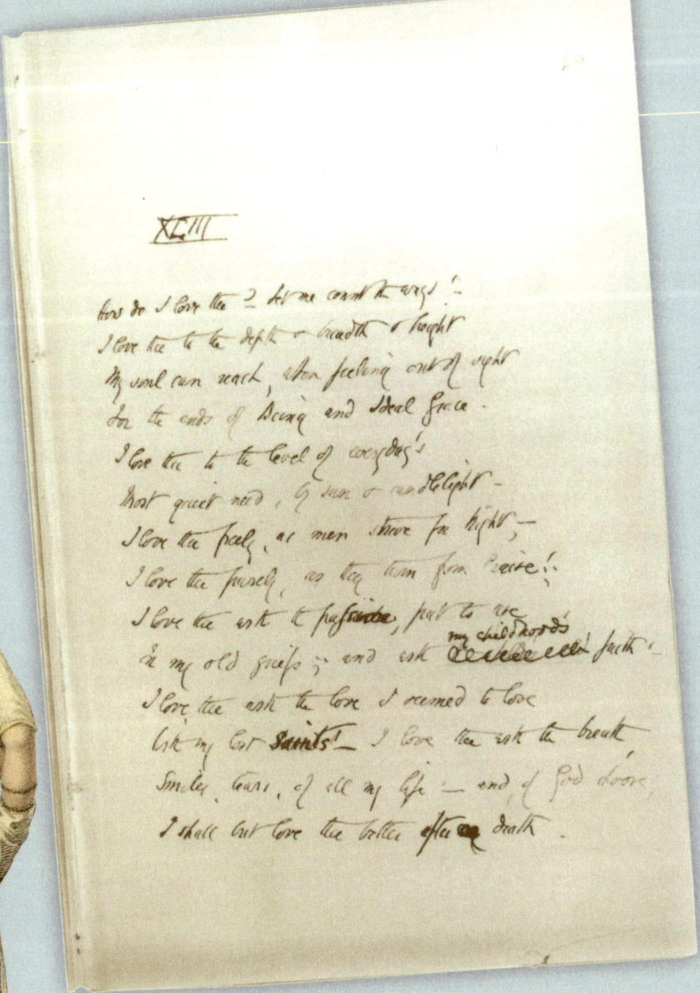

XLIII

How do I love thee? Let me count the ways! —
I love thee to the depth & breadth & height
My soul can reach, when feeling out of sight
For the ends of Being and Ideal Grace.
I love thee to the level of everyday's
Most quiet need, by sun & candlelight —
I love thee freely, as men strive for Right; —
I love thee purely, as they turn from Praise!
I love thee with the passion, put to use
In my old griefs; and with my childhood's faith.
I love thee with the love I seemed to lose
With my lost Saints! — I love thee with the breath,
Smiles, tears, of all my life! — and, if God choose,
I shall but love thee better after death.

Elizabeth Barrett Brownings Sonett XLIII gehört zur schönsten Liebesliteratur – nicht nur der englischen Romantik. Rainer Maria Rilke hat das Sonett ins Deutsche übertragen.

Briefwechsel und die Liebesbeziehung mit Robert Browning lösen konnte. Worin diese Verstrickung bestand und wie tief sie reichte, geht aus einem überlangen, in atemloser Diktion geschriebenen Brief vom 25. August 1845 hervor. Er provozierte Robert Brownings zweite Liebeserklärung und ließ in ihm den Plan reifen, alles daranzusetzen, dass sie sich aus Verhältnissen, die beide mit dem Wort »Sklaverei« bedachten, befreien konnte.

Elizabeth Barrett war einige Jahre zuvor – damals schon über dreißig – mit einer schweren Tuberkulose nach Torquay an die Südküste Englands zu einer Tante geschickt worden. Begleitet wurde sie von ihrem ein Jahr jüngeren Lieblingsbruder Edward, genannt Bro, der auch der Liebling des Vaters war. Nach einer Eingewöhnungszeit von einigen Wochen sollte sich Edward nach Jamaica aufmachen, wo die Familie mit Zuckerrohrplantagen zu Wohlstand gekommen war. Als jedoch der Zeitpunkt des Abschieds näher rückte, konnte die Schwester die Tränen nicht zurückhalten, woraufhin die Tante den Vater in einem Brief darum bat, dass der Bruder noch länger bleiben dürfe. In seiner Antwort gewährte der Vater den Wunsch, erhob jedoch zugleich einen Vorwurf, der sich der Kranken wie Feuer einbrannte. *Unter solchen Umständen weigere er sich nicht, seinen Befehl aufzuheben, aber er erachte es als sehr unrecht, von ihm so etwas zu fordern.* Die moralische Zwickmühle, in die Elizabeth infolgedessen geriet, hätte die zur damaligen Zeit Schwerkranke vielleicht noch verkraftet, wenn sich nicht das denkbar Schlimmste ereignet hätte: Von einem Segelbootsausflug kam der Bruder nicht mehr zurück und blieb trotz tagelanger Suche vermisst. Und obwohl der Vater ihr gegenüber nun keine ausdrücklichen Vorwürfe mehr erhob – angesichts des Vorbehalts, den er seinerzeit formuliert hatte, war für Elizabeth klar, wer die Schuld am Tod des Bruders und Sohnes trug: sie selbst und niemand sonst. Sie verfiel in eine schwere Depression. Aus Torquay zurück, wich die Distanz zum Vater jedoch bald der alten Nähe; so trafen sie sich beispielsweise regelmäßig an den Abenden in ihrem Zimmer zum gemeinsamen Gebet. Der Tod Bros hatte der kränklichen Schwester nicht nur vollends den Lebensmut genommen, er hatte auch die Ketten verdoppelt, die sie an den Vater und dessen Haus banden.

Elizabeth' Vater, der Robert Browning nur spöttisch den »Granatapfel-Poeten« nannte, untersagte ihr sogar eine Reise, die sie aus Gesundheitsgründen antreten wollte. Elizabeth war sich sicher, dass der Vater ihre Heirat niemals billigen würde, zögerte aber den endgültigen Bruch mit ihm immer wieder hinaus, wohl auch in der Gewissheit, eine offen geführte Auseinandersetzung seelisch wie körperlich nicht verkraften zu können. Als der Vater schließlich ankündigte, die Familie werde London verlassen und aufs Land ziehen, heirateten die beiden kurzfristig und in aller Heimlichkeit am 12. September 1846. Begleitet von Elizabeth' Dienstmädchen und ihrem Hund Flush, einem Cockerspaniel, der durch Virginia Woolfs gleichnamigen Roman literarische Berühmtheit erlangt hat, machte sich das Paar acht Tage später erst nach Paris und dann nach Pisa auf.

Am Vorabend schrieb Elizabeth Barrett ihrem Mann noch einen Brief, den letzten der 537. Es ist ein Brief wie ein Gebet, aus dem sich ersehen lässt, wie viel diese beiden Formen miteinander zu tun haben. Mit diesem letzten Brief verließ sie auch endgültig den sicheren Boden, auf dem sie, aller Zwänge ungeachtet, ihr Leben bislang geführt hatte:

Elizabeth Barrett an Robert Browning

Freitag Abend. (Poststempel: 19. September 1846)

Also von halb vier bis vier – vier, denke ich, wird nicht zu spät sein. Ich will nicht mehr schreiben – ich kann nicht. Morgen um diese Zeit werde ich nur Dich noch haben, mich zu lieben – mein Geliebter!

Nur Dich! Als sagte einer nur Gott! Und wir werden auch Ihn noch haben, darum bete ich ...

Deine Briefe an mich nehme ich mit mir, möge ihr Gewicht auch noch so laut schreien. Ich versuchte, sie dazulassen, und konnte es nicht. Das heißt, sie wollten nicht dableiben: es war nicht meine Schuld – ich will nicht gescholten werden.

Ist dies mein letzter Brief an Dich, Liebster? Oh – wenn ich Dich weniger liebte ... ein wenig, wenig weniger!

Ah – dann würde ich dir sagen, unsere Heirat sei ungültig oder sollte es sein; und Du solltest mich morgen keinesfalls holen. Es ist furchtbar ...

furchtbar ... dass ich hier zum erstenmal freiwillig Schmerz bereiten muss – zum erstenmal in meinem Leben ...

Betest Du für mich heut Abend, Robert? Bete für mich und liebe mich, damit ich Mut fasse, wenn ich beides fühle –

Deine BA

In Pisa verbringt das Paar ein halbes Jahr, und Elizabeth Barrett-Browning geht es von Tag zu Tag besser. Dort überreicht sie ihrem Mann als Brautgeschenk jene 44 Liebes-Sonette, die ihren Namen in der englischen Literatur unsterblich machen sollten. Die erste Strophe des vorletzten Sonetts – hier in der Übersetzung Rilkes – kannte das literarisch gebildete England binnen Kurzem auswendig:

Wie ich dich liebe? Lass mich zählen, wie.
Ich liebe dich so tief, so hoch, so weit,
als meine Seele blindlings reicht, wenn sie
ihr Dasein abfühlt und die Ewigkeit.

Im Februar 1847 schreibt Elizabeth Barrett an ihre Schwestern:

Er liebt mich jeden Tag mehr ... Wenn alle Eheleute so glücklich lebten wie wir, wie viele Witze würden dadurch Lügen gestraft.

Und zwei Monate später:

Robert ... liest mir vor, redet und scherzt, um mich zum Lachen zu bringen, erzählt mir Geschichten, improvisiert Verse in allen möglichen Sprachen ... singt Lieder, erklärt den Unterschied zwischen Mendelssohn und Spohr, indem er den Rhythmus auf den Tisch klopft, und wenn er es geschafft hat, mich in jeder Hinsicht zu belustigen, akzeptiert er es als einen Triumph ... Natürlich bin ich extrem verwöhnt – wer wollte da nicht schwach werden – ich stelle mir manchmal Eure Ansicht zu den demoralisierenden Auswirkungen so ausgedehnter Flitterwochen vor. Und dann sage ich mir, dass die Zeit, in der er mir den Hof gemacht hat, zumindest in dieser Hinsicht nicht gerade aufregend war. Seitdem hat es hundertmal mehr Aufmerksamkeiten, Zärtlichkeiten, Überraschungen, selbst Komplimente gegeben ... Wir streiten nie!

Im Jahr darauf lassen sich die Eheleute in Florenz nieder. In der Nähe der Boboli-Gärten beziehen sie eine Wohnung in einem kleinen Palazzo, der Casa Guidi. Dort wird 1849, drei Tage nach Elizabeth Barretts dreiundvierzigstem Geburtstag, der gemeinsame Sohn Robert, genannt Pen, geboren. Bis zu ihrem Tod im Jahr 1861 währt der Aufenthalt des Dichterpaars in Florenz, unterbrochen von kleinen und größeren Reisen, nach Ancona und Ravenna, nach Mailand und Rom, wo sie Thackeray treffen, nach Paris, wo Elizabeth die von ihr verehrte George Sand besucht. Da sie nun fast immer zusammen sind, ist der 537. Brief wohl auch der letzte, den sich Elizabeth Barrett und Robert Browning geschrieben haben. Dafür zählt bald alles, was in der damaligen literarischen Welt Rang und Namen hat, zu den Briefpartnern des Dichterpaars, das schon zu Lebzeiten eine Legende ist. Nur von einem, an dem ihr besonders lag und über den sie auch jetzt noch viel nachdachte, wird sie niemals eine Antwort auf ihre Briefe erhalten: ihrem Vater, der in seinem Testament ihre vollständige Enterbung verfügte.

Ein königliches Verlobungsdrama

Madame de Sévigné an ihren Vetter, Monsieur de Coulanges

Fast zwei Jahrhunderte zuvor tut sich auf dem Kontinent eine andere Frau als Briefschreiberin hervor: Marie de Rabutin-Chantal, durch ihre Heirat Marquise de Sévigné. Nach nur sieben Jahren Ehe verstarb ihr Mann an den Folgen mehrerer Verletzungen, die er sich bei einem mit dem Degen ausgefochtenen Streit mit einem Nebenbuhler um eine seiner vielen Geliebten zugezogen hatte. Schon die Hochzeit des Paars hatte wegen eines Ehrenhandels, bei dem der Bretone Henri de Sévigné beträchtliche Verwundungen davongetragen hatte, um mehrere Wochen verschoben werden müssen. Zum Zeitpunkt ihrer Verwitwung war die Marquise gerade fünfundzwanzig Jahre alt; statt wieder zu heiraten, lebte sie fortan allein mit ihren beiden Kindern, einer Tochter und einem Sohn. Die frühe Vollwaise – ihr Vater war gestorben, als sie gerade eineinhalb, ihre Mutter, als sie sieben Jahre alt war – hatte auf Vermittlung der Familie ihres

Onkels eine hervorragende Ausbildung in Grammatik, Literatur und Sprachen erhalten. Mit einem beträchtlichen Vermögen im Hintergrund machte sie als junge Witwe eine glänzende Figur in den besten Pariser Kreisen und verfügte über Kontakte zu zahlreichen Literaten, darunter zum Salon der Madeleine de Scudéry, wo man die Ehe für eine überholte Institution hielt und für ihre Befristung oder das freie Konkubinat plädierte. In ihrem Roman »Clélie« aus dem Jahr 1657 hat Madeleine de Scudéry ein äußerst liebenswürdiges Porträt der damals dreißigjährigen Madame de Sévigné entworfen.

Bis sie als *femme de lettres*, deren Briefe herumgezeigt, vorgelesen und abgeschrieben wurden, Berühmtheit erlangte, sollten allerdings noch gut zehn Jahre vergehen. Als ihre geliebte Tochter im Jahr 1669 den Comte de Grignan heiratete und mit ihm in die ferne Provence entschwand, begann ihr epistolographisches Talent die schönsten und vor allem üppige Blüten zu treiben. 764 Briefe soll Madame de Sévigné ihrer Tochter im Laufe der Jahre geschrieben haben. Aus diesen Briefen, nach dem Urteil ihrer begeisterten Leser die schönsten französischen Briefe überhaupt, lässt sich schon ein sehr anderer Ton als jenes von Virginia Woolf beschriebene »Rascheln im Unterholz« vernehmen. Hier sind wir, um im Bild zu bleiben, schon weit oberhalb, bei den Baumkronen angelangt, deren Blätter im Wind rauschen und die alles Licht abbekommen. Madame de Sévigné hat das gewöhnliche Briefeschreiben zu einer Kunstform erhoben, die alles ist, nur nicht gekünstelt. Ihre Briefe sind eine Fortsetzung der im Salon gepflegten Konversation, die in ihren besten Momenten nie oberflächlich war, sondern es verstand, selbst von intimen und schweren Dingen so zu handeln, dass nicht der Geruch der Peinlichkeit entstand. Hier schreibt eine genaue, zuweilen unbarmherzige Beobachterin der Komödien und Tragödien des Lebens, die Weltläufigkeit mit einer intimen Kenntnis der menschlichen Antriebskräfte und Gefühlsregungen verbindet. Marcel Proust, dessen Romanwerk auf vielen Seiten den Einfluss der scharf beobachtenden und rhythmisch pulsierenden Prosa der Briefe Madame de Sévignés erkennen lässt, hat an ihr besonders geschätzt, dass sie die Dinge in der Reihenfolge der Eindrücke zeige und nicht zuvor deren Ursache erkläre.

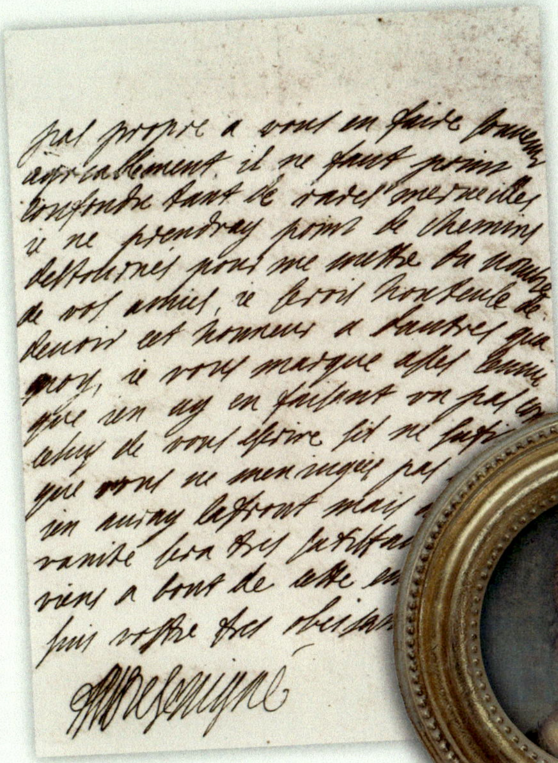
qu'il propre a vous en faire souven
agreablement il ne faut point
confondre tant de rares merveilles
je ne prendray point le chemins
destournes pour me mettre en
de vos amies, je serois honteuse de
devoir cet honneur a d'autres que
moy, je vous marque asses
que jen ay en faisant un pas
aisy de vous escrire sil ne suffi
que vous ne men unques pas
jen auray laffront mais
vanite sera tres satisfai
viens a bout de cette en
suis vostre tres obeissan
MdeSevigne

Madame de Sévignés Brief an den Abbé Le Tellier vom 21. Oktober 1667 zeigt ihre Hand- und Unterschrift. In ihren Briefgesprächen, die sie mit vielen berühmten Zeitgenossen führte, wurde das Briefeschreiben zu einer Kunstform erhoben.

Die früh verwitwete Madame de Sévigné hat keine Liebesbriefe geschrieben, es sei denn, man wollte ihre besorgten und von großer Anhänglichkeit und Mitteilungsfreudigkeit zeugenden Schreiben an die so weit entfernt lebende Tochter als solche bewerten. Sie interessierte sich für alles, was in Paris und Versailles an ihre wachen Ohren gelangte. So entging ihr auch nicht ein Liebesdrama, das 1670 rund um den Königshof für beträchtliches Aufsehen sorgte.

Dazu ist es gut, Folgendes zu wissen: Der älteste Bruder des französischen Königs führte, wenn man von ihm sprach, den Titel »Monsieur« (redete man ihn jedoch selbst an, so hieß er »Monseigneur«); seine Gemahlin hieß dementsprechend »Madame«, die älteste Tochter

»Mademoiselle«. Was aber tun, wenn ein »Monsieur« starb und ihm ein anderer nachfolgte, der auch über eine älteste Tochter verfügte? Im Fall von Anne Marie Louise d'Orléans, Duchesse de Montpensier, der Nichte Ludwigs XIII., behalf man sich damit, vor das Mademoiselle noch das Adjektiv »grand« zu setzen und nannte sie fortan nur »la Grande Mademoiselle«. Das war nicht nur eine Konsequenz daraus, dass ihr Vater, nach dem Tode Ludwigs XIII., »le Grand Monsieur«, Philippe von Orléans, der älteste Bruder Ludwigs XIV., hingegen

»le Petit Monsieur« genannt wurde. Es war auch eine unüberhörbare Anspielung auf das äußere Erscheinungsbild der Herzogin von Montpensier, die sehr groß und sehr korpulent und deren Bewegungen alles andere als graziös waren. Bis zum Alter von zweiundvierzig Jahren war la Grande Mademoiselle unverheiratet geblieben, verliebte sich dann aber leidenschaftlich in den sechs Jahre jüngeren Grafen An-

---

Doppelporträt von Anne Marie Louise de Bourbon-Orléans, Herzogin von Montpensier, einer Nichte des französischen Königs Ludwig XIII. (1627–1693), und ihrem Ehemann Antonin Nompar de Caumont, Herzog von Lauzun (1633–1723).

tonin Lauzun, einen in der Gascogne geborenen Generalleutnant der Dragoner, der bei Hof rasch Karriere gemacht hatte. Mit viel Sinn für dramatischen Suspense schildert Madame de Sévigné die Reaktionen des Hofes auf den Höhepunkt dieser Affäre.

An Herrn von Coulanges

Paris, Montag, 15. Dezember 1670

Jetzt melde ich Ihnen die erstaunlichste, überraschendste, herrlichste, wunderbarste, frohlockend-siegreichste, verwirrendste, einzigartigste, außergewöhnlichste, unwahrscheinlichste, unerwartetste, größte, kleinste, seltenste, alltäglichste, aufsehenerregendste, bis heute geheimste, glanzvollste, beneidenswerteste Tatsache der Welt, etwas, wofür es in den vergangenen Jahrhunderten nur ein einziges Beispiel gibt, und sogar dieses Beispiel stimmt nicht ganz; eine Tatsache, die man in Paris nicht zu glauben vermag (wie könnte man sie also in Lyon glauben?), etwas, um dessentwillen jedermann ach und weh schreit, das aber Frau von Rohan und Frau von Hauterive mit Wonne erfüllt, etwas endlich, das nächsten Sonntag vor sich gehen soll, und dann wird, wer es sieht, seinen Augen nicht trauen. Also am Sonntag soll es geschehen, doch wird es vielleicht am Montag nicht geschehen sein. Ich kann mich nicht entschließen, es Ihnen zu sagen. Sie dürfen dreimal raten. Sie geben auf? Also muß ich es sagen: Herr von Lauzun heiratet am Sonntag im Louvre, erraten Sie wen? Ich wette hundert gegen eins, daß Sie es nicht erraten, tausend gegen eins. Ich höre Frau von Coulanges sagen: warum soll das schwer sein? er heiratet Mademoiselle de Retz – Keine Spur. – Wie dumm wir sind, sagen Sie, es ist Mademoiselle Colbert. – Weit gefehlt. – Dann bestimmt Mademoiselle de Créqui? – Sie sind auf dem Holzweg. Ich muß es Ihnen doch wohl endlich verraten: Er heiratet am Sonntag im Louvre, mit Zustimmung des Königs, Mademoiselle ... Welche Mademoiselle? Bei meiner Treu, er heiratet Mademoiselle. Ich schwöre Ihnen hoch und heilig: Mademoiselle, die Grande Mademoiselle, die Tochter von Monsieur selig, die Enkelin Heinrichs IV., Mademoiselle d'Eu, Mademoiselle de Dombes, Mademoiselle de Montpensier, Mademoiselle d'Orléans, Mademoiselle, Cousine des Königs, die für den Thron bestimmt war, Mademoiselle, die einzige Partie in Frankreich, die Monsieur ebenbürtig wäre. Wenn dies nicht ein schöner Gesprächsstoff ist!

Falls Sie protestieren, außer sich sind, falls Sie sagen, das könne nicht wahr sein, es stimme nicht, man mache sich über Sie lustig, man spotte Ihrer, es sei übel, einen solchen Scherz zu erfinden, kurz, wenn Sie uns beschimpfen, so geben wir Ihnen recht. Wir haben genau dasselbe getan.
Leben Sie wohl. Aus den übrigen Briefen dieses Kuriers werden Sie erfahren, ob, was wir sagen, wahr ist oder nicht.

Am Tag darauf entschied Ludwig XIV., dass seine Kusine nicht so weit unter ihrem Stand heiraten durfte. Madame de Sévigné griff erneut zur Feder.

An Herrn von Coulanges
Paris, Freitag, 19. Dezember 1670
Was man nennt: aus allen Wolken fallen, das ist gestern abend in den Tuilerien geschehen. Aber ich muß weiter zurückgreifen. Sie sind noch bei der Freude, der Wonne, dem Entzücken der Prinzessin und ihres glückseligen Geliebten. Am Montag also, wie Sie wissen, wurde die Sache bekanntgegeben. Der Dienstag verging mit Reden, Staunen, Gratulieren. Am Mittwoch setzte Mademoiselle für Herrn von Lauzun eine Schenkung fest, um ihm die nötigen Titel, Namen und den Rang zu verleihen, wie sie im Ehevertrag stehen sollten, und dieser wurde am selben Tag redigiert. Die Prinzessin gab Herrn von Lauzun in Erwartung eines Besseren vier Herzogtümer: voran die Grafschaft d'Eu, welche die erste Pairie von Frankreich ist und den höchsten Rang verleiht; dann das Herzogtum von Montpensier, dessen Namen er den ganzen Tag geführt hat; des weiteren das Herzogtum von St. Fargeau und das von Châtellerault, alles zusammen ist auf zweiundzwanzig Millionen geschätzt. Dann wurde der Ehevertrag aufgesetzt, laut welchem er den Namen Montpensier annahm. Donnerstagmorgen, also gestern, hoffte Mademoiselle, der König werde unterschreiben, wie er zugesagt hatte. Jedoch gegen sieben Uhr abends war seine Majestät durch die Königin, durch Monsieur und einige Graubärte überredet worden, diese Sache schade seinem Ruhm, und er entschloß sich, das Ganze rückgängig zu machen. Nachdem er Mademoiselle und Herrn von Lauzun zu sich befohlen hatte, teilte er ihnen in Gegenwart des Prinzen von Condé mit, er verbiete ihnen, weiter an diese Heirat zu denken.

Herr von Lauzun nahm diesen Befehl mit aller Ehrerbietung, allem Gehorsam, aller Standhaftigkeit und aller Verzweiflung, die einem so tiefen Sturz gebührt, entgegen. Mademoiselle, entsprechend ihrem Temperament, brach in Tränen aus, schrie, jammerte, wehklagte. Sie hat seither das Bett nicht mehr verlassen und nichts zu sich genommen als etwas Hühnerbrühe. Welch ein schöner Traum, welches Thema für einen Roman oder eine Tragödie, welch ein Gesprächsstoff vor allem, um endlos zu beraten und zu reden! Dies tun wir, bei Tag und bei Nacht, am Abend und am Morgen, ununterbrochen, endlos. Wir hoffen, Sie werden desgleichen tun, e fra tanto vi bacio le mani.

Lauzun erlebte im Jahr darauf seinen völligen Sturz; er wurde in den Kerker geworfen und erst zehn Jahre später gelang es der Herzogin, unter Preisgabe eines nicht gerade geringen Teils ihrer Besitztümer, ihren Geliebten freizukaufen. Daraufhin soll das nicht mehr ganz taufrische Paar (die Herzogin war zu diesem Zeitpunkt immerhin schon vierundfünfzig Jahre alt) heimlich geheiratet haben. Doch schon bald überwarfen sie sich, wie es heißt, wegen seines launenhaften und tyrannischen Benehmens. Laut Saint-Simon soll sich Lauzun eines Tages an seine Frau mit dem Befehl gewandt haben: »Louise d'Orléans, tiremoi mes bottes« – Luise, zieh mir die Stiefel aus; so sprach man zur damaligen Zeit höchstens mit seinem Stiefelknecht –, woraufhin sie ihn vom einen auf den anderen Augenblick verließ, und zwar endgültig. Selbst auf ihrem Sterbebett soll sie sich geweigert haben, ihn zu empfangen.

Vom Ersticken an großen Leidenschaften

Julie de Lespinasse an den Comte de Guibert

Einhundert Jahre später begegnen wir in vielen Briefwechseln einem ganz anderen Bild von der Liebe, als es noch zu Zeiten von Madame de Sevigné vorherrschte. Im 18. Jahrhundert erscheint die Liebesleidenschaft als eine Macht, die den gesellschaftlichen und moralischen Konventionen widerstreitet und allen Anstrengungen spottet, ihrer irgendwie mit den Mitteln der Vernunft habhaft zu werden. Die Leidenschaft hat nicht nur ihre eigene Vernunft, sie kann den Menschen, von dem sie Besitz ergriffen hat, auch in einen Schwärmer und Phantasten verwandeln, der lieber noch den Tod in Kauf nähme, als seine Träume einer Realitätsprüfung zu unterziehen.

Ach! Ich werde Ihnen verrückt erscheinen: ich werde mit einer Offenherzigkeit und Hingabe zu Ihnen reden, als ob ich wüßte, daß ich morgen sterben muß; hören Sie mir denn auch zu mit der Nachsicht und Teilnahme, die man für die Sterbenden hat. Dies schrieb am 21. Juni 1773 Julie de Lespinasse an den Comte de Guibert, einen erfolgreichen Offizier und brillanten Kriegstheoretiker mit einer vielversprechenden Zukunft, der sich zu dieser Zeit in Berlin aufhielt. Aber auch die Schreiberin dieser Zeilen war keine Unbekannte: Im Jahr 1732 als uneheliches Kind in Lyon geboren, war sie im Alter von einundzwanzig Jahren von ihrer Tante, der Marquise du Deffand, als Gesellschafterin nach Paris geholt worden.

Nach zehn Jahren, in denen Julie de Lespinasse von der Marquise nicht nur unendlich viel gelernt hatte, sondern von der alten Frau auch gehörig schikaniert worden war, kam es zum Bruch, mit der Folge, dass die Jüngere ihren eigenen Salon gründete und einen Großteil der Klientel der Marquise gleich mitnahm. Die Mademoiselle de Lespinasse, die nach dem Auszug bei ihrer Tante mit d'Alembert in einer Josephs-Ehe zusammenlebte, war rasch ein aufgehender Stern am Pariser Salonhimmel. Sie kurbelte die Unterhaltung an, scheute kein Thema, wusste noch dem entlegensten Gegenstand einen reizvollen Aspekt abzugewinnen, sie wirkte ausgleichend, wo viele unterschiedliche Ansichten und Temperamente aufeinanderzuprallen drohten, und zog mit ihrer Liebenswürdigkeit und intelligenten Gesprächsführung alle Anwesenden in ihren Bann.

Doch es gab noch eine zweite, von der ersten sehr verschiedene Julie de Lespinasse. Ihr begegnen wir in ihren Briefen, die erst dreißig Jahre nach ihrem Tod veröffentlicht werden sollten. Diese Briefe sind alles andere als eine Fortsetzung der im Salon gepflegten Konversation auf dem Feld der schriftlichen Kommunikation. Es sind zuweilen exaltiert wirkende, oft aber auch erschütternde Zeugnisse der Selbstentblößung einer Frau, die weder sich selbst noch ihren Briefpartner in irgendeiner Weise schonte. *Mag Ihre Seele auch bewegt sein*, schrieb sie an Guibert noch ganz zu Anfang ihres Briefwechsels, *so ist sie dennoch nicht so angegriffen wie die meine, die unablässig zwischen Erregung und Erschlaffung schwankt. Über nichts vermag ich mit Bestimmtheit zu urteilen, würde ich mich doch stets irren, wäre ich doch sogar imstande, Gift als ein Beruhigungsmittel zu nehmen.*

Julie de Lespinasse hatte den elf Jahre jüngeren Comte de Guibert am 21. Juni 1772 auf einem ländlichen Fest kennengelernt. Sie ging damals auf die vierzig zu, der in ganz Europa berühmte Verfasser des »Essai général de tactique« stand im 29. Lebensjahr. Ihre große Liebe zu dieser Zeit war jedoch ein anderer Mann: José y Gonzaga Marques de Mora, Sohn eines spanischen Diplomaten; er hielt sich aus familiären und gesundheitlichen Gründen niemals mehr als einige Monate am Stück in Paris auf. In den langen Zeiten ihrer Trennung schrieb sich das Liebespaar beinahe täglich; als der Marques de Mora einmal für zehn Tage in Fontainebleau weilte, gingen täglich, morgens wie abends, jeweils zwei Briefe zwischen Paris und Fontainebleau hin und her. Ein Jahrzehnt zuvor war Rousseaus Roman *Briefe zweier Liebender aus einer kleinen Stadt am Fuße der Alpen* erschienen, der jedoch nicht unter seinem offiziellen, sondern dem Schmutztitel der Erstausgabe in die Geschichte eingehen sollte: *Julie, oder die neue Heloïse.*

Rousseaus Briefroman, der in den Jahren zwischen 1761 und 1800 siebzig Auflagen erlebte, hatte in Paris und ganz Europa eine wahre Briefschreibewut unter Liebenden ausgelöst. So berichtete etwa der britische Schriftsteller Horace Walpole, Altersfreund der Marquise du Deffand und ein guter Beobachter des Pariser Lebens, über diese Mode in einem Brief vom 12. September 1771: *Man kannte hier Leute, die sich viermal am Tag Briefe schrieben. Ich erfuhr beispielsweise von einem Paar, das niemals voneinander getrennt war, aber, da sie sich beide heftig liebten, sahen sie sich gezwungen, einander Briefe zu schreiben, weshalb sie einen Paravent zwischen sich aufstellten, hinter dem er seiner Frau auf der einen Seite Briefe schrieb, während sie ihm von der anderen Seite ihre Antworten hinüberwarf.*

Wie viele andere jüngere Frauen auch hatte Julie de Lespinasse Rousseaus Briefroman verschlungen. Die Briefe der Heloïse hätten sie so sehr angerührt, dass sie davon krank geworden sei, beichtete Julie in einem späteren Brief dem Baron d'Holbach. Wie ihre Briefe an den Comte de Guibert zeigen, hatte sie sich jedoch nicht nur in jungen Jahren bedingungslos der Empfindsamkeit ausgeliefert. In dem gleichen Brief an den Baron d'Holbach räumte sie deshalb auch ein, sie sei sich keineswegs sicher, dass ihr Herz sich stets jenem Verhalten unterwerfen würde, das ihr die Vernunft vorgeschrieben habe.

Unschwer zu erraten, was sie damit meinte: jenes liebenswürdige und ausgleichende Verhalten, das sie im Salon an den Tag legte und das die Mehrzahl ihrer Zeitgenossen mit ihrer Persönlichkeit identifizierte.

In einem Pariser Salon soll damals allen Ernstes die Frage diskutiert worden sein, was mehr zu wünschen sei – die Mutter, die Schwester oder die Geliebte des Comte de Guibert zu sein. Kaum zu vermeiden, dass es bei Julie de Lespinasse zu beträchtlichen Gefühlsschwankungen kam: *Mein Gott, welcher Zauber oder welches Verhängnis hat Sie mir zugeführt, mich zu verwirren?*

Am Jahrestag ihrer Begegnung wird sie diesbezüglich schon um einiges deutlicher, und es ist hier auch schon viel von ihrer späteren Enttäuschung und ihren Anschuldigungen zu spüren:

Bei meiner Ehre, ich bin überzeugt, er war das Unglück meines Lebens, dieser eine Tag, den ich, ein Jahr ist es nun her, in Moulin-Joli [dem Landsitz, auf dem sie sich kennengelernt hatten] verbrachte. Das Verlan-

Die Marquise du Deffand führte in Paris einen Salon, dessen Attraktivität durch ihre Nichte Julie ruinierte wurde, als diese einen eigenen Salon gründete und die Besucher ihrer Tante erfolgreich abwarb.

gen, eine neue Verbindung einzugehen, lag mir damals sehr fern, waren doch mein Herz und mein Leben derart übervoll, dass mir nichts abwegiger gewesen wäre als das Verlangen nach neuen Herzensangelegenheiten. Sie jedoch wollten sich einmal mehr beweisen, welche Macht Sie über eine ehrbare und gefühlvolle Person ausüben können. Aber wie bemitleidenswert ist das alles. Sind wir denn wirklich frei? Kann alles, was ist, auch ganz anders sein? Sie waren damals keineswegs frei, als Sie mir sagten, Sie schrieben mir oft, und ich meinerseits besitze nicht die Freiheit, eben dieses mir nicht lebhaft zu ersehnen.

Die gängige Meinung über dieses zweite aussichtslose Liebesverhältnis der Julie de Lespinasse ist, dass es keinerlei Chance gegeben habe, es zum Positiven zu wenden. Julie habe irgendwann erkannt, dass Guibert alles Mögliche, aber nicht Mora, ihr erster, kränklicher und inzwischen verstorbener Geliebter, sei; selbst Guiberts Untreue und seine Heirat – seien nur Zwischenfälle ihres unaufhaltsamen Niederganges, Symptome ihrer Liebeskrankheit zum Tode gewesen. Am 22. Mai 1776, annähernd vier Jahre nach der Begegnung mit Guibert, gut drei Jahre nach dem Beginn des Briefwechsels mit Guibert und fast auf den Tag genau zwei Jahre nach dem Tod ihres Geliebten Mora, wird auch Julie de Lespinasse sterben – wahrscheinlich an einer Überdosis Opium, was einen Selbstmord nahelegt. Und selbst wenn es bei ihr keinen bewussten Entschluss gegeben haben sollte, aus dem Leben zu scheiden, so war es doch ein Selbstmord auf Raten.

Sicher entsprach der Comte de Guibert nicht jener Karikatur eines Liebhabers, als die ihn der französische Kritiker Sainte-Beuve gezeichnet hat: ein dickfelliger Esel und halber Narr, dem die Liebesbriefe aus den Taschen fielen und der noch an Julies Grab ohne Ahnung von dem Aufruhr der Gefühle war, den er angerichtet hatte. Guibert war ein Liebhaber alter Schule, ein Verführer, für den die Liebe in erster Linie ein Spiel war, zu dem Zweck, Eroberungen zu machen und sich selbst zu bestätigen; nicht nur auf dem Gebiet des Krieges, sondern auch dem des Herzens war er eher ein Taktiker als ein Schwärmer. So war es wohl Julies Verhängnis, verführt von den Vorstellungen von Liebe, die Rousseau in die Welt gesetzt hatte, ei-

Julie de Lespinasse galt nie als Schönheit, erst recht nicht, als sie von den grassierenden Blatternarben entstellt wurde, dennoch konnte sie sich über mangelnde Liebhaber nicht beklagen.

nem Mann wie Guibert zu begegnen, der zur Projektionsfläche ihrer Sehnsüchte und Leidenschaften taugte, ihr aber nicht das zu geben vermochte, wonach sie verlangte: erfüllte Liebe. Allerdings muss man ihm zugutehalten, von ihrer Seite auch mit unermesslichen Ansprüchen konfrontiert gewesen zu sein: Nicht nur forderte sie von ihm stets Rechenschaft über seine Gedanken, Handlungen und Empfindungen, sie mutete ihm auch eine Aufgabe zu, der er schwerlich gewachsen war, mit der er aber auch einfach nichts anzufangen wusste. *Im Übermaß meiner Leiden, schrieb sie ihm einmal, weiß ich nicht mehr, ob ich Sie oder den Tod mir ersehne. Sie oder er, einer von beiden wird mir die Lösung bringen oder mich für immer heilen. Nichts auf der Welt vermag sonst etwas für mich zu tun.*

Dass Briefwechsel eine heilende Funktion entwickeln können, hatten wir an dem von Elizabeth Barrett und Robert Browning gesehen: Die Briefe, die sie einander schrieben, begründeten ihre Liebe und führten auf beiden Seiten dazu, dass sie sich aus alten Vorstellungen und Verhältnissen lösten. Der Briefwechsel von Julie de Lespinasse mit dem Comte de Guibert – es sind auch einige seiner Briefe erhalten – konfrontiert uns hingegen eher mit einem Spiegelkabinett der Vorstellungen und Leidenschaften, in dem vor allem sie sich ihren Kopf blutig rennt. Ihre Briefe gelten nur in gewissem Maß einem Mann aus Fleisch und Blut; mehr einem Traumbild, zu dem sich die Erinnerungen an Mora, Julies

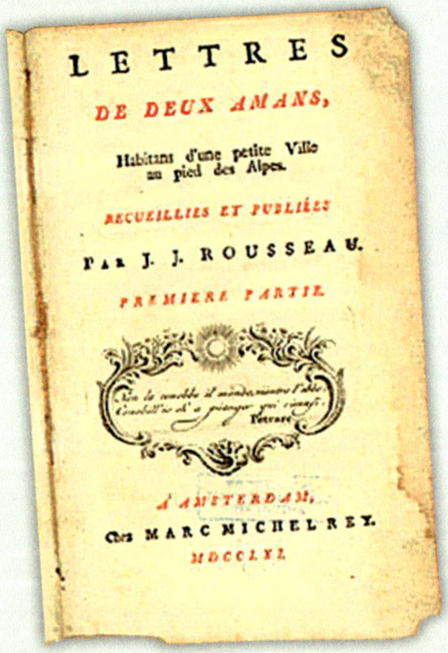
LETTRES
DE DEUX AMANS,
Habitans d'une petite Ville au pied des Alpes.
RECUEILLIES ET PUBLIÉES
PAR J. J. ROUSSEAU.
PREMIERE PARTIE.
A AMSTERDAM,
Chez MARC MICHEL REY.
MDCCLXI.

Briefromane waren im 18. Jahrhundert große Mode. Während Goethes »Leiden des jungen Werther« (1774) ganz Deutschland in Hysterie versetzte, begeisterten Montesquieus »Persische Briefe« (1721), Rousseaus »Julie oder Die neue Heloïse« (1761) und Choderlos de Laclos' »Gefährliche Liebschaften« (1782) in Frankreich das Publikum.

übersteigerte Phantasie und ihr Bild des Comte de Guibert bis zur Ununterscheidbarkeit vermischten. Die Psychologie hat dafür einen schillernden Begriff geprägt: den der Projektion. Er meint unter anderem die Überlagerung einer bestimmten Person mit einer anderen – wie im Fall von Mora und Guibert –, er meint darüber hinaus aber vor allem, dass ein Mensch die Gefährdung, die er verspürt, nicht in sich selbst, sondern außerhalb seiner selbst, etwa in einem anderen Menschen sucht und sodann gegen diese vermeintliche äußere Gefahr anrennt, mit Angst, Fluchtversuchen, Verwünschungen, zuweilen auch mit permanenter Reflexion reagiert. Julie kreist in ihren Briefen stets um Guibert, um seine Reaktionen, gerade auch um die vermeintlichen und die ausbleibenden, welche dann wieder Anlass zu Vorwürfen bilden. Sie macht sich auf diese Weise völlig abhängig von dem, was er denkt und tut, exakter gesagt, von dem, was sie meint, dass er denkt und tut. Briefe, zumal wenn es um Liebesbriefe geht, können das Spiel gegenseitiger Projektionen, vor dem keine Liebesbeziehung gefeit ist, bis zur Unerträglichkeit aufheizen. Das hat mit ihrer Eigentümlichkeit zu tun, eine Nähe des anderen zu suggerieren, die in vieler Hinsicht nur auf dem Papier besteht. Die in Liebesbriefen stets geführte Klage darüber, dass die Antwort des anderen auf sich warten lässt und sich Briefe überschneiden, die Angst, dass Briefe verloren gehen oder sie ganz ausbleiben, schließlich die Neigung, den Rhythmus des Briefwechsels zunehmend zu steigern, sich täglich einen, zwei oder noch mehr Briefe zu schreiben, und wehe, wenn der andere dann das Tempo verschleppt – das alles hat mit dieser Verschränkung von Abwesenheit und Gegenwart, von Nähe und Entfernung des anderen zu tun, die für die Briefkommunikation charakteristisch ist.

In dieser Hinsicht ist der Briefwechsel der Salondame Julie de Lespinasse mit dem Kriegstheoretiker Guibert ein Vorläufer jener Brieflieben, die eineinhalb Jahrhunderte später ein Versicherungsangestellter aus Prag namens Franz Kafka pflegen wird; nur dass es im Paris des 18. Jahrhunderts die Frau war, die Liebesleidenschaft und Briefverkehr miteinander kurzschloss und ihren Geliebten mit Briefen peitschte, die von der Erwartung einer Erfüllung sprachen, von der klar war, dass sie niemals eintreten konnte.

Komm in meinen Süden

Caroline Schlegel an Friedrich Wilhelm Joseph Schelling

[Braunschweig] Mittwoch früh [März? 1801]
Mein allerliebster Freund, ich schreibe Dir gleich frisch auf der Tat nach Deiner artigen Sendung ... Ihr Sinn ist doch liebreich, den kleinen Bitterkeiten zum Trotz; Du irrst Dich, aber ich hoffe, Du wirst nicht etwa meinen, Recht zu haben. Denn wenn ich Dich gleich verlasse, so tu ich es doch ganz anders, wie Du vorgibst Dir einzubilden, und ich habe niemals so fest und unauflöslich an Dir gehangen. Wenn Du mich von Dir losmachen wolltest, so würdest Du mein Leben mit zerreißen. Also was Du schwatzest vom Wunsch frei zu sein, und von der Möglichkeit, dass mich mein innerer Genius nicht eben zu Dir unwiderstehlich hinzöge, das ist alles Torheit – denn eben zu Dir; ich habe es nie allmächtiger empfunden. Ich will bloß dabei bleiben, was ich bin, was ich nicht ändern könnte ohne

---

Caroline Schlegel galt unter Zeitgenossen nicht als besonders tugendhaft. Nachdem sie sich von August Wilhelm Schlegel scheiden ließ, heiratete sie den Jenaer Universitätsprofessor Friedrich Wilhelm Joseph Schelling.

mich zu zerstören, mir treu, um Dir desto treuer zu sein. Die Furcht Dein Missfallen zu erregen, und der zerrüttende Eindruck, den Dein Missfallen auf mich macht, die muss ich fliehen um der Liebe und meines heiligen unabänderlichen Grames willen, der solche Störungen nicht mehr erträgt …

Nein, das ist kein Abschiedsbrief, den hier die neben Rahel von Varnhagen und Bettina von Arnim bedeutendste Briefeschreiberin deutscher Sprache an ihren annähernd zwölf Jahre jüngeren Geliebten, den damaligen neuen Star unter den idealistischen Philosophen, Friedrich Wilhelm Joseph Schelling, schreibt.

Den Freund vom Geliebten zu unterscheiden, das will hier nicht sagen, lass uns Freunde bleiben, lass die Liebe unsere Freundschaft nicht zerstören, worauf Frauen wie Männer sich seit je berufen, wenn sie auf eine sanfte Trennung hinauswollen. Die Freundschaft ist hier keine milde Gabe, um der Hitze der Leidenschaft zu entkommen.

Caroline Schlegel war zu diesem Zeitpunkt seit knapp fünf Jahren in zweiter Ehe mit dem Philologen und Shakespeare-Übersetzer August Wilhelm Schlegel verheiratet. Es war eine Vernunftehe, die sie acht Jahre nach ihrer Verwitwung eingegangen war. Nach dem Tod ihres ersten Mannes war sie zunächst nach Göttingen und 1792 nach Mainz gezogen, wo sie mit dem Naturforscher Georg Forster und dem Jacobinerclub in Verbindung kam. Als die Preußen im Frühjahr 1793 das Mainzer Umland von den Franzosen zurückeroberten, wurde Caroline zusammen mit ihrer achtjährigen Tochter als Sympathisantin und Kollaborateurin verhaftet, auf die Festung Königstein verbracht und schließlich unter Hausarrest gestellt. Zu dieser Zeit war sie wieder schwanger, nach einer leidenschaftlichen Liaison mit einem französischen Leutnant, der in Mainz stationiert gewesen war. Caroline war fest entschlossen, sich zu töten, falls die uneheliche Schwangerschaft entdeckt werden sollte, was den Entzug des Erziehungsrechts für die Tochter und den Verlust des Witwengehalts bedeutet hätte. Schließlich kam sie durch eine Bittschrift ihres jüngsten Bruders frei, und August Wilhelm Schlegel begleitete sie nach Lucka bei Leipzig, wo sie unter falschem Namen im November 1793 einen Sohn zur Welt brachte, den sie bald nach der Geburt in Pflege gab und der mit nur eineinhalb Jahren verstarb. Fortan galt sie als »leichtfertige« Frau, die zudem Demokratin war – ihr Ruf war ruiniert. Erst die 1796 erfolgte Heirat mit Schlegel sicherte ihr die Rückkehr in die bürgerliche Gesellschaft und führte darüber hinaus zu einer Konsolidierung ihrer angespannten Finanzlage.

Das Paar zog nach Jena; es begann die kurze, legendäre Zeit der Jenaer Frühromantik mit Caroline als geselligem Mittelpunkt, als Redakteurin, Übersetzerin und Gastgeberin. In dieser Zeit lernte Caroline Schelling kennen, der im Alter von erst dreiundzwanzig Jahren zum außerordentlichen Professor der Jenaer Universität ernannt worden war.

Rasch entwickelte sich zwischen beiden eine Beziehung, die über bloße Freundschaft hinausging

Der Ehemann August Wilhelm Schlegel duldete ihre Liaison, die im Freundes- und Bekanntenkreis zu reichlich Klatsch Anlass gab. Als dann im Sommer 1800 Carolines allseits geliebte, wunderschöne und hochintelligente Tochter Auguste innerhalb weniger Tage an der Ruhr starb und zudem noch Schelling, der als Naturphilosoph der damals ungemein populären Brown`schen Erregungstheorie anhing, sich in ihre ärztliche Behandlung eingemischt hatte, ohne etwas retten zu können, nahm der Klatsch verleumderische Züge an. Die Mutter habe ihre Tochter mit Schelling verkuppeln wollen, hieß es, und Auguste sei als Sühneopfer vielfacher fremder Schuld gestorben. Der von Caroline nie verwundene Tod der Tochter, das ist *der heilige, unabänderliche Gram*, von dem ihr Brief an Schelling spricht. Begreiflicherweise blieb auch das Liebespaar von Schuldgedanken nicht verschont. Schelling ging so weit, sich und Caroline jegliches Recht auf Liebesglück abzusprechen, und machte ihr wiederholt Vorwürfe. Caroline, selbst am Rande einer Nervenkrise, versucht den Geliebten von seiner Melancholie zu kurieren. Ihr Brief fährt fort:

O ich habe Dich schrecklich lieb, unbegreiflich lieb, und nun wird es erst ganz an den Tag kommen. Könnt ich Dir nur meinen Sinn einflößen, alle Spannung weghauchen, Dich selbst fest halten in Deiner Anmut, bei Deiner leichtern Stimmung. Süßes Herz, Du bist auch liebenswürdig, der Himmel ist nur noch nicht klar. Wolken fliehen hin und her, der Sturm jagt sie vor das Angesicht der Sonne. Kein Klima gibt es auf der Erde ohne Wolken, aber nur im Norden steigen sie so unaufhörlich wieder empor, komm in mein Süden, komm, Du geliebtester aller Menschen ... Nimm unser wunderbares Bündnis, wie es ist, jammre nicht mehr über das, was es nicht sein konnte, nicht die reine irdisch schöne beschränkte Liebe zweier Wesen, die frei von allen Fesseln sich zum erstenmal begegnen ..., ja, nicht einmal ein mutiges Zerreißen aller vorher gegangner Bande ...

Caroline Schlegel war nicht mehr fünfundzwanzig, sie war verheiratet und war es zuvor schon einmal gewesen, sie hatte bereits Kinder, und Auguste war tot, durch wessen Schuld auch immer: Schellings Bitterkeit und seine Vorhaltungen ließen ihr dennoch keine Ruhe. In seinem nicht überlieferten Brief hatte der Freund und Geliebte wohl gleich das ganze Geschlecht der Weiber der Untreue bezichtigt. Caroline entwarf eine kleine Apologie ihrer Art und Weise, das Leben zu führen, indem sie zwischen Untreue und Treulosigkeit unterschied und die Treue zu sich selbst zur alles entscheidenden Prämisse und zum letzten Ankerpunkt ihrer Lebenskunst erklärte.

Donnerstag.

Spotte nur nicht, Du Lieber, ich war doch zur Treue geboren, ich wäre treu gewesen, mein Lebenlang, wenn es die Götter gewollt hätten, und ungeachtet der Ahndung von Ungebundenheit, die immer in mir war, hat es mir die schmerzlichste Mühe gekostet, untreu zu werden, wenn man das so nennen will, denn innerlich bin ich es niemals gewesen. Dieses Bewusstsein eben von innerlicher Treue hat mich oft böse gemacht ... Und wenn ich mir Verzweiflung bereitet hätte in der Verzweiflung der von mir Geliebten – ja, ich würde im Schmerz darüber verzweifeln, im Gewissen nicht, niemals könnte ich wie Jacobi ausrufen: verlasse Dich nicht auf Dein Herz. Ich müsste mich verlassen auf mein Herz über Not und Tod hinaus, und hätte es mich in Not und Tod geleitet. Du siehst, ich nehme es mit der Treue im Großen – aber gewiss nicht um Dir zu entschlüpfen, nur weil mir das so nahe liegt; indem ich mir treu bin, bin ich es auch Dir.

Zwei Jahre später wurde die Ehe von August Wilhelm Schlegel und Caroline geschieden. Am 26. Juni 1803 heirateten Caroline und Schelling. Das Paar lebte zuerst in Würzburg, später in München, jeweils dort, wo sich Schelling die besten beruflichen Chancen boten. Am 7. September 1809 starb Caroline Michaelis, verwitwete Böhme, geschiedene Schlegel, verheiratete Schelling, fünf Tage nach ihrem 36. Geburtstag, an derselben Krankheit wie neun Jahre zuvor ihre geliebte Tochter Auguste.

Bauen im Bestand

George Sand schreibt ihre Briefe an Alfred de Musset nachträglich um

Über kaum eine Frau wurde so viel Häme ausgegossen wie über George Sand, und das nicht nur von Männern, sondern auch von Frauen. Eine Spießerin der Unmoral hat sie Baudelaire genannt. »Sie ist dumm, sie ist schwerfällig, sie ist geschwätzig; sie hat in moralischen Angelegenheiten dieselbe Tiefe des Urteils wie Portiersfrauen ...« Und kein Gran liebenswürdiger dann Simone de Beauvoir: »Solange George Sand jung ist, gefällt mir ihr Verlangen nach Unabhängigkeit, ihr Leseeifer, ihr Bedürfnis zu lernen und die Landschaft zu durchstreifen sowie die Klarheit ihrer Entscheidungen ... Widerwärtig ist mir aber die Tugendmaske, die sie sich vorzubinden liebt. Sich Liebhaber zu leisten, sie zu betrügen, ihnen etwas vorzulügen – warum nicht? Aber man muß dann nicht auf seine Wahrheitsliebe pochen ... Mit dreißig Jahren spielt sie bereits die vom Leben zermalmte Frau, die sich vorbehaltlos aufopfert, während sie in Wirklichkeit ihre ganze Umgebung beherrscht. Was ich ihr am wenigsten verzeihe, ist die systematische Verfälschung der Stimme ihres Innern, durch die ihr jeweiliges Verhalten zu einem erbaulichen Beispiel aufzuschönen versteht.« Fest steht: Wie keine Frau zuvor hat George Sand das Thema der weiblichen Gleichberechtigung in ihren Büchern und zugleich in ihrem Leben zum zentralen Thema gemacht. Was hat nur so viele gegen sie aufgebracht?

Sich männliche Pseudonyme zuzulegen, um auf dem literarischen Markt mehr Erfolg zu haben, häufig überhaupt erst für voll genommen zu werden, ist ein viel begangener Ausweg schreibender Frauen aus der ihnen auferlegten Unmündigkeit gewesen. Mit George Sand hatte dieser Trick eine neue Dimension erreicht; denn alle Welt wusste, dass hinter diesem männlichen Autorennamen eine Frau steckte: Aurore Dupin, seit 1836 geschiedene Dudevant, mutierte zu dem Schriftsteller George Sand und nahm sich selbstbewusst die Freiheit heraus, über Dinge, allen voran Erotik und Sexualität, zu schreiben, über die zu schreiben bislang Männern vorbehalten gewesen war; bei alldem blieb sie jedoch eine Frau, als die sie auch anerkannt werden wollte. Das Gleiche galt für ihre Bevorzugung von Männerkleidung. Wenn die von ihr geliebten Hosen ihre Weiblichkeit nicht verbargen, sondern erst recht und auf neue Weise betonten, dann hieß das eben auch, dass eine Frau es sich leisten konnte, sich von den konventionellen Verhaltensmustern zu verabschieden, ohne an Attraktivität und Aufmerksamkeit einzubüßen.

Vielleicht ist das Aufsehen, das sie in Männerkleidern erregte, für George Sand eine Art Urszene ihres lebenslangen Strebens nach Selbststilisierung gewesen; es vermittelte ihr eine Ahnung davon, was sich alles erreichen ließ, wenn man nur die nötige Chuzpe an den Tag legte. Irgendwann ging sie dann so weit, ihre eigenen, sehr privaten Briefe mit dem Ziel der Ikonisierung ihrer Person nicht nur auszuschlachten, sondern sie zu verfälschen, und zwar nicht irgendwelche Briefe, sondern immerhin Liebesbriefe, die in unseren Augen einen besonderen Anspruch an Authentizität besitzen.

Ihr legendäres Liebesdrama in Venedig mit dem Dichter Alfred de Musset, den sie schon bald mit dessen Arzt, dem Italiener Pietro Pagallo betrog, der ihr aber ebenfalls rasch auf die Nerven ging – im Nachhinein betrachtet war es geradezu darauf angelegt, Literatur zu werden, zumindest ab jenem Punkt, an dem sich solche instabilen

Liebesbeziehungen regelmäßig nicht mehr den hehren Illusionen von einer Liebe zu dritt, einer Leidenschaft ohne Eifersucht zu fügen beginnen, sondern in einen permanenten Nervenkrieg der Involvierten mit den üblichen Nickligkeiten und Schlägen unter die Gürtellinie ausarten. Als ihnen dies bewusst wurde, müssen zumindest die beiden Literaten unter den Beteiligten beschlossen haben, ihre große Liebe nicht in Gezänk und Schmutz untergehen zu lassen, sondern sie schönzuschreiben. *Ich will einen Roman schreiben*, so Musset mit großem Pathos an die Sand. *Ich habe große Lust dazu, unsere Geschichte aufzuschreiben. Ich glaube, das würde mich heilen und mein Selbstgefühl heben. Ich würde Dir einen Altar errichten, und sei es mit meinen Knochen* ... Mit nicht minder großem Pathos hatte schon die Sand in einem

---

Die Liaison zwischen George Sand und Alfred de Musset gab reichlich Gelegenheit zum Klatsch, Karikaturisten fanden großen Gefallen daran, über deren Verhältnis zu spotten. In der rechts gezeigten Tuschezeichnung (1833) sieht man George Sand aufrecht zu Pferde, während ihr Liebhaber zu Boden stürzt.

ihrer Briefe an Musset die Liebe einen Tempel genannt, den der Liebende dem Gegenstand seiner Verehrung baut. *Das Großartige darin ist nicht so sehr die Gottheit als vielmehr der Altar.*

Doch auch bei der Kunst des Altarbauens erwies sich George Sand, wie schon während ihrer Liebesbeziehung, als die Beweglichere und diejenige mit der schnelleren Auffassungsgabe von beiden. Als Musset sich nach dem endgültigen Bruch mit ihr im Jahr 1835 an seinen autobiografischen Roman »Bekenntnisse eines Weltkindes« setzte, der 1836 erschien, war ihm seine ehemalige Geliebte längst zuvorgekommen. Bereits 1834 hatte sie in der »Revue de Deux Mondes« die ersten drei ihrer »Briefe eines Reisenden« veröffentlicht. Sie waren an Alfred de Musset gerichtet und in Ton und Inhalt untadelig und durchaus konventionell. Jedem literarisch einigermaßen bewanderten Zeitgenossen war jedoch sofort klar, worum es ging: um große Liebe an einem Schauplatz, der sich wie kein anderer dazu eignete und der von Stund an mit zwei neuen Namen belegt war: Alfred de Musset und George Sand.

Doch damit sollte es nicht sein Bewenden haben. George Sand war nicht nur schneller, ihre Verarbeitung des Erlebten war auch nachhaltiger. Nach dem Bruch mit Musset hatte sie sich ihre Briefe an ihn zurückerbeten, vorgeblich, damit sie nicht in böswillige Hände gerieten. Als sie dann gut zwanzig Jahre später den Roman »Elle et Lui« schrieb, der das Liebesdrama von Venedig in die moralinsaure Geschichte einer Hingabe der Frau an den Mann aus purem Mitleid verwandelte – der Roman wurde nach Mussets Tod veröffentlicht –, hat sie auch ihren Briefwechsel mit Musset für eine posthume Veröffentlichung kunstgerecht redigiert und frisiert – ein Eingriff, der zuerst dem Herausgeber der Pléiade-Ausgabe von George Sands Werk, George Lubin, aufgefallen ist. Etliche Briefe aus der Periode der Liebschaft mit Musset weisen in ihrem Schriftbild nämlich Eigentümlichkeiten auf, die die Schriftstellerin erst nach 1856 entwickelt hat. Sämtliche Eingriffe beziehen sich, soweit sich das noch rekonstruieren lässt, auf ihre Rolle in dem Dreiecksverhältnis Musset – Pagallo – Sand. Es ist, als habe sie nachträglich ihre aktive, auch sexuell aktive Rolle in dem Liebesdrama herunterspielen wollen. So muss der

unvoreingenommene Leser den Eindruck erhalten, sie habe nie mit Pagallo geschlafen, Musset indessen sei in Venedig zu Huren gegangen, habe sich eine Geschlechtskrankheit geholt und sodann ihr offiziell die Liebe aufgekündigt. Man kann es auch so sagen: Der Altar wurde nun restauriert und umgebaut und dabei klammheimlich einer neuen Gottheit geweiht: Statt der freien Liebe, für deren Recht George Sand einst in ihren Büchern und mit ihrem Leben gestritten hatte, wurde hier nun eine neue Form von Wohlanständigkeit verehrt; und statt des Geliebten, dem die ganze übermenschliche Anstrengung des Tempelbaus ja ursprünglich einmal gelten sollte, war es nun die Erbauerin selbst, die sich hier ein Denkmal setzte.

Das Gesagte gilt auch für den folgenden Brief, mit dem sich George Sand aus der trotz des Bruches nicht nachlassenden Umklammerung ihres Liebhabers befreien wollte.

Armer, unglücklicher Mann, ich habe Dich wie einen Sohn geliebt. Es ist die Liebe einer Mutter, und meine Wunde blutet noch immer. Ich fühle Mitleid mit Dir und verzeihe Dir alles, aber wir müssen einander aufge-

Der Künstler Eugène-Louis Lamis macht sich in diesem Aquarell lustig über die Unfähigkeit der beiden, sich noch gegenseitig zu ertragen.

ben. Ich sage Dir: Wir müssen einfach darüber hinwegkommen ... Dein Verhalten ist beklagenswert, einfach unmöglich. Mein Gott, welch einem Leben überlasse ich Dich! Nichts als Trunksucht und Dirnen! Aber da ich Dich nicht zurückhalten kann, warum sollte ich meine Schande und meine Qual verlängern? ... Und warum musst Du immer weiter von Pietro plappern, da ich Dir doch ausdrücklich verboten habe, ihn je mit einem Wort zu erwähnen? Was gibt Dir – dies nur nebenbei – das Recht, mich über Venedig zu verhören? War ich Dein Eigentum damals in Venedig? Warst Du nicht verärgert über mich, als ich krank wurde, und hast Du nicht gesagt, es gebe nichts Verdrießlicheres und Öderes als eine kranke Geliebte? Begann nicht in ebendiesem Augenblick unsere Beziehung auseinanderzubrechen? Mein Lieber, ich möchte nicht die Vergehen beider Seiten gegeneinander aufrechnen, aber Du musst schon versuchen, Dich wirklich an alles zu erinnern. Du vergisst nur allzu leicht, was wirklich passiert ist. Ich finde keinen Gefallen daran, Dir zu sagen, wie schlecht Du Dich benommen hast. Ich habe Dir nie Vorwürfe gemacht, habe mich nie beklagt, dass ich meinen Kindern, meinen Neigungen und Pflichten entrissen wurde, dass ich dreihundert Meilen weit fortgeschleppt und dann mit verletzenden Bemerkungen verstoßen wurde, und das aus keinem anderen Grund als dem, dass ich eine Migräne hatte – dass ich mit wundem Blick zu erkennen gab, in welch tiefe Traurigkeit mich Deine Gleichgültigkeit gestürzt hat. Ich habe mich nie beklagt, ich verbarg meine Tränen. Und dann, eines Abends, den ich nie vergessen werde, im Albergo Danieli die schrecklichen Worte: »George, ich habe mir selbst etwas vorgemacht. Ich bitte Dich um Verzeihung, aber ich liebe Dich nicht. Wenn ich nicht krank gewesen wäre und ich nicht angenommen hätte, dass man mich am folgenden Tag zur Ader lassen würde, wäre ich auf der Stelle abgereist. Aber Du hattest kein Geld, ich wusste nicht, ob Du von meinem etwas annehmen würdest, und ich konnte Dich nicht allein und ohne einen roten Heller in einem fremden Land zurücklassen, dessen Sprache Du nicht verstehst. Wir schlossen die Tür zwischen unseren Zimmern und versuchten unser altes Leben als gute Freunde wiederaufzunehmen, aber das war jetzt unmöglich. Du wurdest verdrießlich, verschwandest am Abend immer, und eines Tages bekanntest Du mir, Du habest Dir wahrscheinlich eine galante Krankheit zugezogen. Wir waren niedergeschlagen. Ich sagte: »Reisen wir ab, ich nehme Dich bis Marseille mit.« Und Du haſt geantwortet: Ich glaube, das wäre das beſte, aber ich muß erſt noch etwas schreiben, da wir nun einmal hier sind. Pietro kam und kümmerte sich um Dich, und es kam Dir nie in den Sinn, eifersüchtig zu sein, und noch weniger dachte ich je, ich könnte ihn lieben. Aber als ich mich dann doch in ihn verliebte und die Seine wurde, welche Pflichten Dir gegenüber, so frage ich Dich, habe ich damit verletzt? Welche Pflichten hatte ich dem Mann gegenüber, der mich die fleischgewordene Langeweile, Träumerin, Närrin, Betschweſter und was weiß ich noch alles genannt hat?

In Wirklichkeit hatte sich die Geschichte ziemlich anders zugetragen: George Sand und Alfred de Musset waren im Dezember nach Venedig aufgebrochen. Dort war es zu dieser Jahreszeit kalt und neblig. Zuerst zog sich George Sand eine Erkältung mit starken Kopfschmerzen zu und ging ihm auf die Nerven. Danach erkrankte Alfred de Musset schwer an einem typhusähnlichen hohen Fieber, und sie sah sich gezwungen, ihn zu pflegen. In ihrer Not zog sie einen Arzt herbei, besagten Pietro Pagallo, mit dem sie bald ein Verhältnis einging, über das sie Musset im Unklaren ließ, auch als er nach seiner Rekonvaleszenz Venedig den Rücken kehrte, wohingegen sie sich bei ihrem neuen Geliebten einquartierte. Erst Anfang August kehrte George Sand nach Paris zurück, und ein nach Henry James' unüberbietbarer Formulierung »nicht ganz unbedeutendes Stück in ihrem Reisegepäck« war – Pietro Pagallo. In der Zwischenzeit hatte Musset längst Verdacht geschöpft und stellte Nachforschungen an. So erfuhr er, außer ihm längst alle wussten: dass George Sand ihn während seines Fieberanfalls in Venedig nach Strich und Faden hintergangen hatte. Es kam zum endgültigen Bruch der Beziehung. Doch konnten beide wohl nicht so rasch voneinander lassen; die Leidenschaft flackerte noch einmal kurz auf, aber das Vertrauen war endgültig zerstört.

Müssen wir Baudelaire und der Beauvoir also recht geben: Ist zumindest die ältere George Sand einfach eine Spießerin der Unmoral, ein verlogener Tugendbold gewesen? Es war dem amerikanischen Romancier Henry James vorbehalten, noch in Unkenntnis von George Sands systematischer Verfälschung ihrer eigenen Briefe, den Charakter dieser doch unvergleichlichen Frau sehr viel genauer zu erfassen, ohne moralische Maßstäbe anzulegen und über sie den Stab zu brechen. Henry James hat nicht gezögert, den grandiosen Stil gerade der Briefeschreiberin Sand zu bewundern, selbst noch dort, wo sie korrigierend in ihre eigene Vergangenheit eingriff; für ihn war vielmehr die Tatsache ausschlaggebend, dass sie die intimsten Dinge ohne jede Scheu in der Öffentlichkeit zum Besten gab. Ihre Art, sich preiszugeben, meinte er, ähnele der eines übereifrigen Zeugen vor Gericht, der »mehr erzählt, als gefragt« ist, und zwar lauter Dinge, die sich nicht recht überprüfen lassen. Sein unausgesprochener Verdacht war wohl, dass die Sand eine Vorläuferin jenes Selbstenthüllungsdrangs war, der sich bereits zu seiner Zeit in der Öffentlichkeit breitmachte, aber inzwischen ganze Branchen der Kommunikations- und Unterhaltungsindustrie am Leben erhält, von den Verlagen über das Fernsehen bis hin zu Internet-Blogs. Hier findet die von Musset und der Sand vorexerzierte Verwandlung von privaten Leidenschaften in einen Stoff der Unterhaltung und Erbauung für ein breites Publikum seine Fortsetzung auf dem Stand der heutigen Kommunikationstechniken. Angesichts dieser Entwicklung mag man sich eine Kultur der Diskretion zurückwünschen. Andererseits muss man zugeben, dass der Preis, den die Sand »auf alle Leidenschaft, allen Schmerz, alles direkte Erleben und alles Bekennen, ... und auf die geringsten Hemmungen, darüber zu reden, ausgesetzt hat«, einem Motiv entsprang, das wir bis heute gutheißen: das Recht von jedermann und jeder Frau, das Leben »aus erster Hand zu erfahren«, wie Henry James sagt. Dass die ältere George Sand sich dann dazu hergab, ihre eigenen Lebensspuren zu frisieren, mag einem dennoch als ein Kardinalfehler ihres Charakters erscheinen. Nur, ist eine sehr lockere Beziehung zur Wahrheit nicht geradezu die Grundlage jener »heiter leichten Gesprächigkeit«, die nicht nur gute Talkshows, sondern auch einen gelungenen Brief auszeichnet und die wir, wenn wir einmal ehrlich sind, auch gar nicht missen wollen? Wahrscheinlich hat George Sand mit zunehmendem Alter einfach erkannt, dass Leidenschaft aus dem, der von ihr fortgerissen wird, nicht per se einen besseren Menschen macht. Ein Spielverderber, wer es da mit der Wahrheit so genau nimmt.

Lebensbilanz

Božena Němcová an Josef Němec, ihren Mann

Briefe können auch Bilanzen sein – Bilanzen einer Liebschaft, einer Ehe, eines Lebens. Man begegnet dem häufig in Gestalt von Abschiedsbriefen, wenn vor dem anderen eine Trennung gerechtfertigt, vielleicht sogar der Entschluss, aus dem Leben zu gehen, erklärt werden muss.

Eine eindrucksvolle und offene Lebensbilanz in Gestalt eines sehr langen Briefes an ihren Mann verdanken wir der tschechischen Schriftstellerin Božena Němcová, der Autorin des berühmten Romans »Großmutter. Bilder aus dem ländlichen Leben«, des sicherlich populärsten Prosawerks in tschechischer Sprache.

Zugleich zeigt der Brief vom 13. Juni 1857 an den in Villach weilenden Josef Němec, der in dem Wunsch geschrieben wurde, sich den Ehemann noch längere Zeit vom Leibe zu halten, dass der Autorin auch andere Sprachmittel zur Verfügung standen als die des Märchens oder der Idylle. Hätte Božena Němcová, die »erste moderne tschechische Frau«, nicht schon bald darauf das Schreiben aus gesundheitlichen Gründen aufgeben müssen – sie starb 1862 im Alter von 42 Jahren –, hätte dieser Brief gut zur Keimzelle eines anderen literarischen Schreibens, jenseits ihrer Vorstellungen von Nationalliteratur, werden können. Der Komet, von dem am Ende unseres Auszuges aus dem dreimal so umfangreichen Brief die Rede ist, bezieht sich übrigens auf eine Weissagung, die damals halb Europa in Angst und Schrecken versetzte: Am 13. Juni 1857 werde ein Komet mit der Erde zusammenstoßen und sie zerstören.

An Josef Němec, Prag, 13.6.1857

Lieber Mann!

Denk nicht, daß ich Dich hier nicht gern sehe oder kein Verständnis dafür habe, wie Dir dort zumute ist. Ich kann es mir gut vorstellen, schließlich kenne ich Dich, aber was läßt sich machen; Du kämst, und es wäre der alte Ärger. Ich würde Dich auch gerne sehen, oft, wenn ich allein oder mit den Kindern spazierengehe, fühle ich mich sehr verlassen und sehne mich nach Dir, aber ich habe viel zu entbehren gelernt, auch das. Dann wieder denke ich, wenn Du hier wärst, ginge es doch nach der alten Leier, wir würden uns nicht verstehen, und so freue ich mich, daß ich wenigstens meine eigene Herrin bin ...

Ich lebe hier auch anständiger als manch eine Nonne, doch dann überkommt mich unwillkürlich die Sehnsucht, wenn Du hier wärst, daß ich meinen Kopf an Deine Brust lehnen und ein wenig weinen könnte. Ich weiß, dort ist meine einzige Zuflucht, alles andere ist fremd. Du hast mir gesagt und denkst, daß Du mir nichts wert bist – und daß in meiner Seele ganz andere Ideale leben –, aber da hast Du nicht so ganz recht. Ich leugne nicht, daß ich früher das Ideal eines Mannes vor Augen hatte, ebenso wie der Ehe. Ersterer war ein Muster an Vollkommenheit und Schönheit, letztere schien mir der Himmel. – Nun, ich war jung, unerfahren, nur in der Natur erzogen, mir selbst überlassen. Niemand hat sich um meine Phantasien gekümmert oder mich den rechten Blick auf die Welt gelehrt. Meine überschwengliche Phantasie war es auch, die mich zu Dir geführt hat, und Dich wiederum hat auch nur das Äußere gelockt und vielleicht mein unverdorbenes Gefühl. Hättest Du damals den Verstand gehabt, wie Du ihn heute hast, hättest Du mich so gekannt wie jetzt, Du hättest eine andere

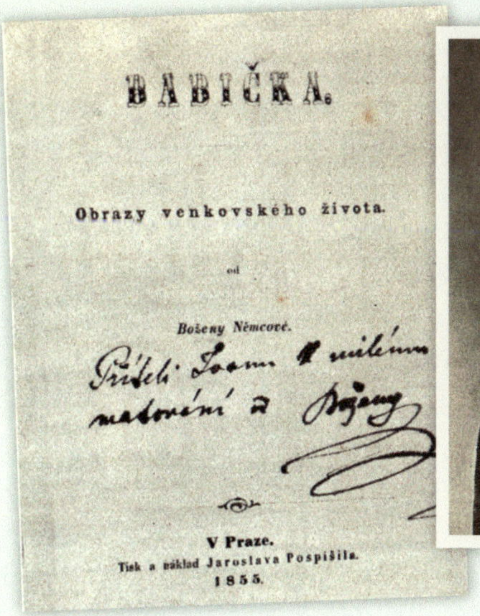
BABIČKA.

Obrazy venkovského života.

od

Boženy Němcové.

V Praze.

Tisk a náklad Jaroslava Pospíšila.

1855.

Frau aus mir gemacht. Ich liebte Dich, und meine Ideale vergaß ich. Doch es kam anders, und wir haben beide gelitten ...

Wenn ich die Welt und mich selbst so gekannt hätte, wäre das freilich nicht geschehen. Kaum eine Frau hält die Würde der Ehe so hoch, wie ich es tat und noch tue, aber meinen Glauben an diese Würde habe ich bald verloren. Wo wäre sie zu sehen? – Nichts als Lüge, Täuschung, privilegierte Sklaverei, erzwungene Pflicht – kurz Gemeinheit. – Mein Herz begehrte, sehr geliebt zu werden. Ich wollte einen Mann haben, den ich hätte anbeten können, der hoch über mir stünde, ich hätte mein Leben für ihn geopfert, aber ich fand in den Männern nur grobe Despoten, nur den Herrn. – Das ließ die Innigkeit erkalten – die Achtung ging verloren, Bitterkeit und Trotz nisteten sich im Herzen ein. So kam es – ich lebte wieder in mir selbst, wie als Mädchen, die alten Ideale hielten wieder Einzug in meine Seele. Meinen Körper habt ihr gehabt, meine Taten, meine Aufrichtigkeit, aber meine Sehnsucht ging in die Ferne, wohin, verstand ich selber

---

Für Božena Němcová bedeutete Schreiben Freiheit und Selbstverwirklichung. Mit ihrem Werk »Großmutter« erlangt sie auch außerhalb Tschechiens Berühmtheit. Ihr Bild von den Männern war indes kein besonders gutes. Ihr Vorwurf »Ich fand in den Männern nur grobe Despoten, nur den Herrn« war auch gegen ihren Mann, Josef Němec, gerichtet.

nicht. Ich sehnte mich, ich wollte den leeren Platz in meinem Herzen füllen und wußte nicht, womit … Verehrer hatte ich nicht nur einen – der hatte den Geist, der mich fesselte, der andere den Körper, dieser hatte das Herz, jener den Verstand, aber letztlich konnte ich in ihnen nicht finden, wonach ich mich sehnte: den Mann, den ich anbeten wollte. – Alle hatten ihre Schwächen, der Nimbus fiel, und es waren ganz gewöhnliche Menschen, von denen ich keinen zum Mann genommen hätte. Die Sehnsucht aber ruht in meinem Herzen wie ein Tropfen, der nicht verdunstet und nicht versiegt, der ewig funkelt wie ein Diamant …

Wäre diese Liebe, diese Poesie nicht in mir gewesen, wie hätten wir miteinander gelebt? – Es hätte ein schlimmes Ende mit mir genommen, denn ich hätte alles Vertrauen in Dein Herz und alle Achtung vor Dir verloren; wäre ich nicht zu besserer Einsicht gekommen, wäre es so geblieben. Das aber ist wahr, daß Du mir schöner erscheinst und es mich öfter nach Dir verlangt, wenn Du fern bist. Das ist natürlich, und Dir geht es wohl auch so. Sind zwei Menschen unablässig beisammen, verrichten sie all ihre Bedürfnisse voreinander, schöne, unschöne, da wird der eine dem anderen alltäglich. Dann ist da weder Verlangen noch Poesie, nur Gewohnheit … Ich wünschte mir, daß zwischen uns in allem Tun und Handeln Freude wäre, und nicht nur diese kalte Pflicht. – Goethe sagt: »Was ist Pflicht? – Pflicht ist, was der Mensch sich selbst befiehlt!« – Alles aber kann der Mensch sich nicht befehlen; ich würde Dir auch gern in jener einen Pflicht willfahren, aber gerade hier gilt kein Gesetz, kein Muß, weder Drohung noch Bitte, wenn das Gefühl nicht gegenseitig entflammt.

Gerade hierbei sollten die Männer stets vergessen, daß sie die Herren sind, und sich gegen die Frauen, die sie achten, wie Liebhaber benehmen. Hier muß man das Gefühl möglichst schonen, sich möglichst vor jeder Gemeinheit hüten. – Ich zumindest glaube, daß ein solches Benehmen die Blüte manch eines Ehebunds bis in die späten Jahre erhalten könnte. Was denkst Du? – Aber ich bin wieder einmal ins Schwatzen gekommen, über Dinge, über die ich mit Dir vielleicht nicht sprechen sollte. Was geschrieben ist, ist geschrieben, es hilft Dir wenigstens, in die geheimen Winkel Deiner Frau zu blicken – wo sie ihre Geheimnisse verwahrt – und wenn uns heute nacht der Komet hinwegfegt, so wirst Du zu manchem Vers die Note kennen.

Aufforderung zum Urlaub vom Leben

Vita Sackville-West schreibt an Virginia Woolf

Nicht ganz nach meinem strengeren Geschmack – gerötet, schnurrbärtig, papageienbunt, mit der ganzen geschmeidigen Ungezwungenheit der Aristokratie, doch ohne den Geist der Künstlerin. Sie schreibt 15 Seiten am Tag – hat wieder ein Buch beendet … – kennt alle Welt – aber könnte ich sie je kennen? Ich soll am Donnerstag bei ihr dinieren, notierte Virginia Woolf unter dem Datum des 15. Dezember 1922 in ihr Tagebuch. Gemeint war Vita Sackville-West, zehn Jahre jünger als sie – Virginia Woolf war zu diesem Zeitpunkt vierzig, Vita dreißig Jahre alt –, der Herkunft und ihrem Auftreten nach eine Aristokratin *comme il faut*; die Sackvilles gingen auf Wilhelm den Eroberer zurück und hatten alles zu bieten, was eine Bürgerliche damals an der Aristokratie faszinieren konnte: Herrensitze, politischen Einfluss, Mäzenatentum, Weltgewandtheit, Skandale.

Ich bete Virginia an, und das würdest Du auch tun. Ihr Charme und ihre Persönlichkeit würden Dich zu Boden strecken. Es war eine gute Abendgesellschaft ... Mrs. Woolf ist so einfach: Sie macht unbedingt den Eindruck von etwas Großem. Sie ist völlig ungekünstelt, ganz ohne äußere Verzierungen – sie zieht sich abscheulich an. Anfänglich hält man sie für unscheinbar; dann zwingt sich einem eine Art geistiger Schönheit auf, und man entdeckt eine gewisse Faszination darin, sie zu beobachten ... Liebster, ich habe richtig mein Herz verloren, so schwärmt vier Tage später Vita Sackville-West in einem Brief an ihren Mann Harold Nicholson, der als Diplomat gerade an der Friedenskonferenz in Lausanne teilnahm. Er und Vita hatten sich vor zehn Jahren kennengelernt und 1923 geheiratet. In den ersten vier Jahren ihrer Ehe gebar Vita drei Kinder, eins davon eine Totgeburt. Danach entdeckte sie, dass ihr Mann homosexuelle Beziehungen hatte, und begann kurze Zeit später selbst ein leidenschaftliches Liebesverhältnis mit der ebenfalls verheirateten Violet Trefusis. In der Folge arrangierten sich die Eheleute: Während jeder von beiden sexuell eigene Wege ging und auch die beruflichen Lebenskreise getrennt blieben, hielten die Liebe zu den beiden Söhnen, gemeinsame Reisen und ein liebevoller Briefwechsel in den Phasen der Trennung das Paar zusammen. *Wärst Du in eine andre Frau verliebt oder ich in einen anderen Mann, schrieb Vita 1926 an ihren Mann, so fänden wir beide oder einer von uns eine natürliche sexuelle Erfüllung, die unserer eigenen Beziehung zwangsläufig etwas wegnehmen würde. So aber haben die Verbindungen, die Du und ich eingehen, überhaupt nichts mit der natürlicheren, normaleren Einstellung zu tun, die wir gegeneinander haben, und stören daher nicht.* Das war wohl auch beschwichtigend gemeint. Denn zu diesem Zeitpunkt hatte ihre Liebesbeziehung mit Virginia durchaus Dimensionen (auch sexuelle) erreicht, die beide Ehemänner beunruhigte und Leonard Woolf, Virginias Mann, auch dann und wann giftig werden ließ. So verfiel Vita auf die Strategie, die vielen Liebesbriefe, die sie zu dieser Zeit an ihr *geliebtes Wesen* schrieb, im Inneren von Briefen zu verstecken, die auch Leonard zur Lektüre bestimmt waren. Virginia spöttelte verblüfft: *Du bist ein Wunder an Diskretion – ein Brief in einem zweiten. An so etwas habe ich nie gedacht.*

Erst einmal geriet die Beziehung der beiden jedoch ins Stocken, und es sollten fast eineinhalb Jahre vergehen, bis sie wieder Fahrt aufnahm. Anlass waren ein Vorwurf und ein Angebot, beide kamen von Virginia, und beide waren kaum verhüllte Aufforderungen. Der Vorwurf lautete, Vita schreibe ihr immer nur sehr unpersönliche, wenig intime Briefe. Das Angebot hingegen war, eine Geschichte für die Hogarth Press zu verfassen, die Virginia Woolf zusammen mit ihrem Ehemann 1917 gegründet hatte und in der sie das Lektorat innehatte. Daraufhin schrieb Vita, die mit ihrem Mann gerade Bergtouren in den Dolomiten unternahm, Virginia einen Brief, der in ihrem Leben Epoche machen sollte:

Tre Croci
Cadore. [Italien]
16. Juli [1924]
Meine liebe Virginia

Ich hoffe, niemand hat mir bisher einen Handschuh hingeworfen oder wird das jemals tun, ohne daß ich bereit gewesen wäre, ihn aufzunehmen. Du hast mich gebeten, eine Geschichte für Euch zu schreiben. Auf Bergesgipfeln und neben grünen Seen schreibe ich sie für Dich. Ich verschließe meine Augen vor dem Blau des Enzians, vor dem Korallenrot der Androsace. Ich verschließe meine Ohren vor dem Rauschen der Flüsse; ich verschließe meine Nase vor dem Duft der Pinien; ich konzentriere mich auf meine Geschichte. Vielleicht wirst Du ja zum Verbindlichen Verleger, und ich erhalte meine Geschichte zurück – »Die Hogarth Press bedauert, daß das beiliegende Manuskript«, etc. – oder wie auch immer Eure Formulierung lautet. Trotzdem werde ich ohne Groll bleiben. Wegen der Gipfel und der grünen Seen und der Herausforderung wird es sich gelohnt haben, und Dir allein soll sie gewidmet sein ...

Heute stieg ich hinauf zum ewigen Schnee und fand dort leuchtendgelbe Mohnblumen, die gleichermaßen dem Gletscher wie dem Sturm trotzen; und schämte mich vor ihrem Mut ... Ich kann Dir nicht sagen, wie viele dolomitische Meilen und Steigungen ich bis jetzt schon in meinen Beinen habe. Ich habe das Gefühl, als ob sich die reine physische Energie und das Wohlbefinden den ganzen Intellekt einverleibt hätten. So sollte man sich fühlen, davon bin ich überzeugt. Ich denke über junge Bergsteiger nach, mit Seilen und Eispickeln behangen, und glaube, nur sie haben verstanden, wie man das Leben leben soll – Ich frage mich, ob Du jemals Bloomsbury und die Kultur schwänzen und mit mir auf eine Reise gehen wirst? Nein, natürlich wirst Du das nicht. Ich habe Dir einmal gesagt, ich würde lieber mir Dir als mit irgend jemand anderem nach Spanien fahren; und Du hast verwirrt geschaut, und ich hatte das Gefühl, ich hätte einen Fauxpas begangen – wäre zu persönlich, genau gesagt –, aber die Behauptung bleibt trotzdem wahr, und ich werde mich nicht zufriedengeben, bis ich Dich fortgelockt habe. Willst Du nächstes Jahr mit zu dem Ort kommen, an dem die Zigeuner aller Länder eine alljährliche Pilgerfahrt zu irgendeiner Madonna machen? ... es ist ein Ort irgendwo in der Nähe der baskischen Provinzen, zu dem ich immer mal reisen wollte, und nächstes Jahr FAHRE ICH. Ich finde, Du solltest auch mitkommen. Betrachte es, wenn Du willst, als literarischen Stoff, – so wie Du, glaube ich, alles betrachtest, menschliche Beziehungen eingeschlossen. O ja, Du magst Menschen eher mit dem Kopf als mit dem Herzen – verzeih mir, wenn ich mich irre. Natürlich muß es Ausnahmen geben, es gibt immer welche. Aber im allgemeinen ...

Und dann glaube ich, daß man Menschen niemals in ihrer eigenen Umgebung kennenlernen kann; man lernt sie nur fern von zu Hause kennen, getrennt von all den dünnen Fäden und Spinnennetzen der Gewohnheit. Long Barn, Knole, Richmond und Bloomsbury. Alles zu gewohnt und beengend. Entweder bin ich daheim, und Du bist fremd; oder Du bist daheim, und ich bin fremd; so ist keine je die tatsächlich eigentliche Person, und das führt zu Verwirrung.

Aber in den baskischen Provinzen unter einer Horde Zinganros [Zigeunern] wären wir beide gleichermaßen fremd und gleichermaßen wirklich.

Alles in allem glaube ich, Du solltest Dich entschließen, Urlaub zu machen und mitzukommen.

Vita

Aus der größeren gemeinsamen Reise, die Vita Virginia zu Beginn ihrer Liebesbeziehung vorschlug, wurde nichts, wie sie selbst schon vorausgesehen hatte, sieht man einmal von einem gemeinsamen einwöchigen, relativ ereignislosen Aufenthalt in Burgund ab – mehr Kumpanei als Honeymoon, wie Virginia Woolfs Biografin Hermione

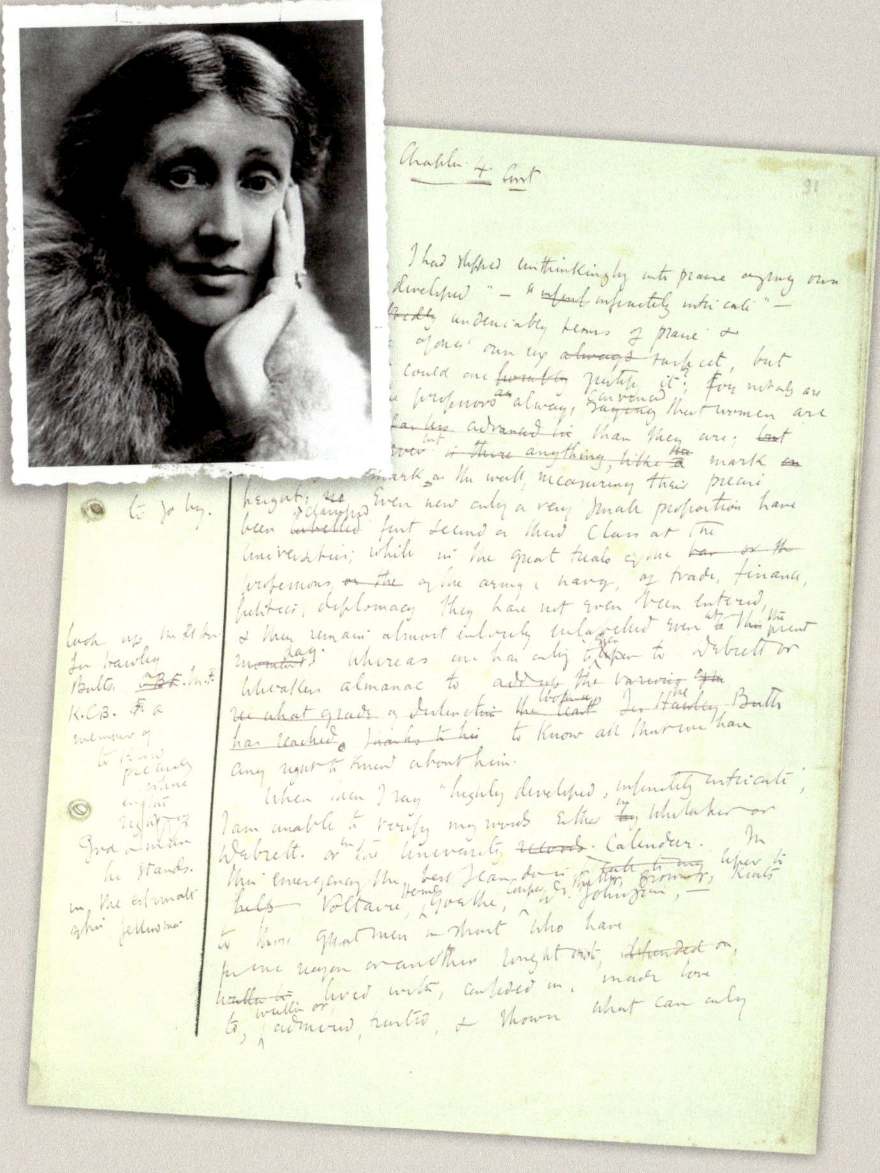
Chapter 4. Cont

I had slipped unthinkingly into praise [illegible] developed" – "infinitely intricate" – [illegible] undeniably terms of praise & [illegible] one's own sex always suspect, but could one [illegible] justify it: For [illegible] professors always saying that women are [illegible] than they are; [illegible] mark on the wall measuring their precise height; [illegible] Even now only a very small proportion have been classified first second or third class at the universities; while in the great tracts of the professions, of the army & navy, of trade, finance, politics, diplomacy they have not even been entered, & they remain almost entirely unlabelled even at the present day. Whereas one has only to open Debrett or Whitaker almanac to [illegible] Sir Hawley Butts [illegible] to know all that one has any right to know about him.

When then I say "highly developed, infinitely intricate", I am unable to verify my words either by Whitaker or Debrett or the University Calendar. In this emergency the best I can do [illegible] Voltaire, Goethe, [illegible] Dr Johnson, — to those great men in short who have [illegible] lived with, confided in, made love to, [illegible] admired, trusted, & shown what can only

Virginia Woolf, um 1930, und Manuskriptseite aus
»Women in Fiction«, veröffentlicht als »A Room of One's Own«
(»Ein Zimmer für sich allein«), 1929.

Lee meint. Die Chance, die Virginia aus dem Brief herausgelesen hatte, sich durch eine Beziehung mit Vita einen zumindest zeitweiligen Urlaub vom Leben zu verschaffen, ließ sie sich hingegen nicht entgehen. Dennoch sollte Vita auch in anderer Hinsicht Recht behalten: Virginias Strategie, mit den Dingen des Lebens umzugehen, bestand darin, sie zum Stoff ihrer Schriftstellerei zu machen. Die Überschneidung von Literatur und Liebe markiert nicht nur den Beginn, sondern auch das Ende ihrer erotischen Beziehung. Zu Anfang »ködert« die Verlegerin und Literatin die Lebenskünstlerin und Belletristin mit der Aussicht, ihre Geschichte »Seducers in Ecuador« in ihrem Verlag unter lauter großen Namen der Literatur zu veröffentlichen. (Als sie das Manuskript dann in Händen hält, ist sie voll gönnerhaften Lobes: ... *ich bin sicher, dass Du etwas bedeutend Interessanteres gemacht hast ... als bisher. [Die Erzählung] ist natürlich nicht ganz durchgehalten; ich finde, sie könnte gestrafft werden, und gerader gezielt, aber darin liegt nichts, was sie verderben könnte.)* Ende 1927 dann, als Vitas Interesse für andere Frauen, etwa für Mary Campbell, die Frau des südafrikanischen Dichters Roy Campbell, unabweisbar wurde, gelang es Virginia Woolf aufs Neue, die Kontrolle über ihre Beziehung zu gewinnen:

52 Tavistock Sqre. [W.C.1]
9. Okt. [1927]

Gestern morgen war ich völlig verzweifelt: Du kennst doch das verdammte Buch, das Dadie und Leonard mir, Tropfen um Tropfen, aus der Brust reißen? »Fiction«, oder sonst ein Titel dieser Art. Ich konnte kein Wort aus mir herauspressen; und ließ zum Schluß den Kopf in die Hände sinken: tauchte meine Feder in die Tinte, und schrieb folgende Worte, wie automatisch, auf ein sauberes Blatt: Orlando: Eine Biographie. Kaum, daß ich dies getan hatte, wurde mein Körper von Entzücken durchflutet und mein Gehirn von Ideen. Ich schrieb rasend schnell bis um 12 ... Und jetzt werde ich jeden Morgen bis um 12 Fiction (meine eigene Fiktion) schreiben ... Aber hör zu; angenommen, es stellt sich heraus, daß Orlando Vita ist; und daß das Ganze von Dir und den Lüsten Deines Fleisches und den Verlockungen Deines Geistes handelt (Herz hast Du keines, die Du mit der Campbell über die Feldwege schlenderst) – angenommen das

Ganze hat diese Art von Schimmer von Realität, der meinen Personen manchmal anhaftet ... angenommen, sage ich, daß Sibyl nächsten Oktober sagt »Da ist Virginia doch tatsächlich hingegangen und hat ein Buch über Vita geschrieben« ... wird es Dir etwas ausmachen? Sag ja; oder Nein: Deine Vortrefflichkeit als Thema entspringt hauptsächlich Deiner edlen Geburt (Aber was sind, nichtsdestoweniger, 400 Jahre Adel?) und der dadurch sich bietenden Gelegenheit für verschnörkelte beschreibende Passagen in großer Üppigkeit. Außerdem gebe ich zu, daß ich Lust hätte, einige sehr seltsame, widersprüchliche Strähnen in Dir zu entflechten und neu zu zwirnen: mich ausführlich mit der Frage Campbell zu beschäftigen; und außerdem, wie ich Dir gesagt habe, überfiel mich plötzlich der Gedanke, wie ich die Gattung Biographie in einer Nacht revolutionieren könnte: und folglich würde ich, falls es Dir genehm ist, diese Sache gerne in die Luft schleudern und sehen, was passiert.

Vita Sackville erteilte ihre Erlaubnis – *Siehst Du, jede Rache, die Du jemals nehmen wolltest, wird zum Gebrauch bereitliegen* – und begann sich gegenüber Mary Campbell gleich »Orlando« zu nennen. Da hatte ihr Virginia Woolf allerdings noch nicht den Clou des Buches verraten: den Wechsel der Hauptfigur von einem Geschlecht zum andern. »Orlando. Eine Biographie«, erschienen 1928, wurde nicht nur der witzigste, sondern auch der populärste Roman Virginia Woolfs.

»Was für ein Leben!«

Briefe der Freundschaft

Aus der Antike ist uns ein Freundschaftsideal überliefert, das vollkommene Übereinstimmung und Seelenharmonie der Beteiligten fordert. Traditionell gehörte dazu auch die Zeitenthobenheit des Freundschaftsverhältnisses. Montaigne etwa hat (sexuelle) Leidenschaft und Freundschaft dadurch voneinander abgegrenzt, dass er auf ihre unterschiedliche Dauer abstellte. Die Leidenschaft, von ihm auf die »Liebe zu den Frauen« eingegrenzt, sei, wie er zugeben müsse, »zwar heftiger, beißender und verzehrender, aber es flackert nur flüchtig auf, in beständigem Wechsel hin und her wabernd: eine Fieberhitze, die bald steigt, bald fällt und bloß einen Zipfel von uns ergreift. Bei der Freundschaft hingegen umfasst uns eine alles durchdringende, dabei gleichmäßige und wohlige Wärme, beständig und mild, ganz Innigkeit und stiller Glanz; nichts Beißendes ist in ihr, nichts, das uns verzehrte.«

Allerdings sind durchaus Zweifel angebracht, ob diese idealtypische Deutung der Formen, die menschliche Beziehungen annehmen können, überhaupt noch unserer Empfindung entspricht. Bereits vor hundert Jahren hat Georg Simmel, einer der Pioniere der modernen Soziologie, darauf aufmerksam gemacht, dass wir auch auf dem Gebiet der Freundschaft zunehmend zu Differenzierungen neigen. Es gibt eben Grade von Freundschaft: man kann dem einen mehr und dem anderen weniger Freund sein, ohne der Beziehung gleich die Bezeichnung Freundschaft absprechen zu wollen. Die Freundschaft zu dem einen kann sich aber auch stärker auf diesen und die zu einem anderen stärker auf jenen Aspekt unserer Persönlichkeit beziehen. Und schließlich muss die beste Freundin oder der beste Freund nicht zeitlebens dieselbe Person sein. Freundschaft hat eben auch immer damit zu tun, in die Intimsphäre einer anderen Person einzudringen, und dabei spielen Fragen der Tiefe, des Umfangs und der Art der Beziehung eine wichtige Rolle. Und entscheidend ist nicht zuletzt das Geschlecht.

In ihrer epochemachenden Analyse des »anderen Geschlechts« hat Simone de Beauvoir für diesen Unterschied historische und soziale Gründe angeführt. Auf Seiten der Frauen konstatierte sie eine übermächtige, bis in die Gegenwart fortwirkende Tradition von Schwächegefühlen: »Während die Männer als Individuen über eigene Gedanken und Entwürfe miteinander kommunizieren, sind die Frauen, gefangen in der Allgemeinheit ihres weiblichen Schicksals, durch eine Art immanente Komplizenschaft vereint ... Sie schließen sich zusammen, um eine Art Gegenwelt zu schaffen, deren Werte den männlichen Werten überlegen sind.«

Diesem Phänomen stehen Männer nicht selten verständnislos, zumindest erstaunt, nicht zuletzt eifersüchtig gegenüber: Mit der bisweilen verschwörerisch anmutenden Gemeinschaftlichkeit, der warmherzigen, in ihren Augen oft leichtfertigen Intimität von Frauen untereinander, in der Wichtiges und Belangloses einander unvermutet abwechseln, können sie wenig anfangen, ja fühlen sich davon bedroht. Frauen »diskutieren nicht über Meinungen, sondern tauschen Vertraulichkeiten und Rezepte aus«, hat Simone de Beauvoir, antifeministischer Umtriebe unverdächtig, einmal den grundlegenden Unterschied der Kommunikation von Männern und Frauen untereinander auf den Punkt gebracht.

Blickt man ein, zwei Jahrhunderte zurück, wird man des Schemas gewahr, nach dem sich Männer- und Frauenfreundschaften voneinander unterscheiden: Der Mann, der im feindlichen Draußen sich bewähren muss, findet sich selbst, indem er sich gegen andere durchsetzt. Die Frau, die im Hause waltet, findet sich selbst, indem sie in sich hineinhorcht und sich mit anderen austauscht. Bis heute reagiert die Mehrzahl der Frauen, die emotionalem Stress ausgesetzt sind, mit Selbstanalyse: sie führen endlose Gespräche mit Freundinnen und vertrauen ihre Gefühle Briefen oder einem Tagebuch an. Männer hingegen neigen in solchen Situationen dazu, sich abzulenken, sich noch mehr in die Arbeit zu stürzen, Sport zu treiben oder die Probleme in Alkohol zu ertränken. Das sind natürlich Klischees. Sie machen jedoch deutlich, dass die Voraussetzungen einer Männer- und einer Frauenfreundschaft nicht dieselben sind. Und das gilt auch für die jeweiligen Briefwechsel.

Dabei ist das Spektrum der weiblichen Freundschaftsbriefe unerwartet groß. Oftmals war die seit der Kindheit vertraute Schwester oder eine andere Verwandte auch die beste Freundin im Erwachsenenalter, zumal wenn es wegen der eingegangenen Ehe an einem Ort fern der Heimat verbracht wurde. Eine in Kindheitstagen entstandene Nähe und Vertrautheit ist wohl die solideste, vielleicht sogar die einzige Grundlage für eine lebenslange Freundschaft. Ein eigenes Kapitel im Buch der Frauenfreundschaften hätte die literarische Freundschaft verdient. Hier beschränke ich mich auf ein Beispiel, das zugleich zeigt, dass sich auch in Frauenfreundschaften die von Sigmund Freud entdeckte Ambivalenz der Gefühlsverhältnisse findet: Die gegenseitige Anziehungskraft war bei Katherine Mansfield und Virginia Woolf unzweifelhaft sehr stark, doch blieb ihre Freundschaft nie ohne grundsätzliche Vorbehalte einander gegenüber und scheiterte letztlich an ihrer Rivalität als Schriftstellerinnen. Und auch das weite Feld der Freundschaften von Frauen und Männern untereinander ist mit zwei Beispielen vertreten – einem aus jungen und einem aus alten Jahren. Nicht selten spielt hier Resignation hinein: im Freund eigentlich den idealen Lebenspartner gefunden zu haben, doch die Leidenschaft, sie will es anders.

Eine schändliche Welt

Lady Mary Wortley Montagu an ihre Schwester

Was für die Franzosen ihre Madame de Sevigné ist, ist für die Engländer Lady Mary Wortley Montagu: eine Frau der Gesellschaft, deren Briefschreibekunst Maßstäbe für kommende Generationen setzte. Obwohl sie auch als Dichterin hervortrat, ist die Montagu der Nachwelt ebenfalls in erster Linie als Epistolographin im Gedächtnis geblieben, zumal ihrer berühmten »Turkish Embassy Letters« wegen, der »Briefe aus dem Orient«.

Dafür ist sie mit Lobeshymnen bedacht worden, von Voltaire (der ihre Briefe höher als die seiner Landsmännin Madame de Sevigné schätzte) über Samuel Johnson, Edward Gibbon und Thomas Carlyle bis hin zu Arno Schmidt. Die Briefe gehen auf ihre Reise nach Kon-

Lady Montagu hatte nicht die Absicht, den für sie auserwählten Mann zu heiraten; sie brannte 1712 mit ihrem späteren Ehemann Edward Wortley Montagu durch und verprasste auf ihrer Flucht die Mitgift, die für die ursprünglich angedachte Ehe bestimmt war.

stantinopel zurück, die sie von 1716 bis 1718 an der Seite ihres Mannes Edward Wortley Montagu unternahm, der zum Außerordentlichen Botschafter Britanniens am Hof der Türkei ernannt und mit einer heiklen Friedensmission betraut worden war. Anders als die wohlgesetzten Briefe der Madame de Sevigné, die in einem begrenzten Kreis von Bekannten, Freunden und Verwandten zirkulierten, hat Lady Montagu wohl bald an eine Veröffentlichung ihrer Briefe gedacht. Sehr selbstbewusst hat sie von ihrer Rundreise, die sie auf dem Hinweg über Rotterdam, Frankfurt, Wien, Prag, Dresden, Hannover, Wien, Belgrad und Adrianopel, auf dem Rückweg dann über Malta, Tunis, Genua, Turin, Lyon und Paris führte, von einer Fahrt gesprochen, *die seit der Zeit der griechischen Kaiser kein Christ unternommen hat.*

Einige Jahre nach ihrer Rückkehr nach London schrieb sie an ihre Schwester, die Briefe der Madame de Sevigné, die sie gerade gelesen hatte, seien ja sehr hübsch, *aber ich versichere Dir ohne die geringste Eitelkeit, dass in vierzig Jahren meine Briefe ebenso unterhaltsam sein werden. Ich rate Dir deshalb, keinen davon fortzuwerfen.* Dabei wäre diese Ermahnung zur Vorsicht nicht einmal nötig gewesen – und dass sie ausgesprochen wurde, offenbart dann doch das Ausmaß der Eitelkeit der Lady Montagu; von unbekannter Hand gefertigte Abschriften ihrer Briefe wurden schon sehr bald nach ihrer Rückkehr im Freundeskreis herumgegeben, und auch ihr Tagebuch, das sie 1761, da war sie bereits fünfundsiebzig Jahre alt, einem anglikanischen Geistlichen mit der Bestimmung übergab, damit nach seinem Gutdünken zu verfahren, enthielt alle 52 posthum dann veröffentlichten Briefe und zwar schon nicht mehr in Form von Abschriften, sondern in größtenteils überarbeiteten Versionen, von denen wir heute oftmals nicht mehr wissen, wie viel daran original und wie viel Nachbearbeitung, Nachdichtung oder gar Neudichtung ist.

Der im Folgenden abgedruckte Brief an ihre Schwester Frances, verheiratete Mar, gehört jedoch nicht zu dieser Sammlung, sondern datiert aus einer späteren Phase ihres Lebens, als sie den Zenit ihrer gesellschaftlichen Reputation, die ihr durch die Reise und die türkischen Briefe zugewachsen war, bereits überschritten hatte. Anlass der hier vorgenommenen Abrechnung mit dem miserablen Weltzustand aus der Feder einer Frau, die auf die vierzig zuging, sind die Eskapaden ihres Sohnes Edward, der die große Reise in den Orient als Kleinkind mitgemacht hatte. Ob nun dieses frühe Vagabundendasein, ein von den Eltern vererbtes Fernweh oder die Vernachlässigung durch den Vater den Ausschlag gegeben haben – jedenfalls hatte der gerade Fünfzehnjährige die fatale Neigung, von zu Hause durchzubrennen. Bereits im Jahr zuvor hatte die Mutter an ihre Schwester geschrieben:

Jener junge Liederjahn, mein Sohn, gab neulich Fersengeld und beförderte seine Person nach Oxford, seiner Meinung nach vollkommen befähigt für die Universität. Nach recht aufwendiger Suche fanden wir ihn und versetzten ihn, sehr gegen seinen Willen, in den bescheidenen Status eines Schuljungen zurück.

Doch diesen sollte er nicht lange beibehalten. Im Jahr darauf machte Edward Wortley junior seine Schulbücher zu Geld, tauschte seine standesgemäße Kleidung gegen die eines Jungen von der Straße ein und heuerte heimlich auf einem Schiff der Marine an. Die verzweifelten Eltern starteten daraufhin eine Suchaktion und setzten eine Belohnung für denjenigen aus, der Auskunft über den Verbleib ihres Sohnes geben konnte. In einer Zeitungsannonce wandten sie sich sogar an den Ausreißer höchstpersönlich mit dem Versprechen, ihn freundlich aufzunehmen, wenn er von sich aus zurückkehre, und ihn zur See statt zur Schule zu schicken, sollte dies sein großer Wunsch sein. *Ich war zum Schreiben niemals schlechter aufgelegt*, äußerte sich Lady Montagu zu diesem Punkt gegenüber ihrer Schwester: *Ich bin bis aufs Blut gereizt von einem jungen Vagabunden, meinem Sohn, der es in seinem Alter fertiggebracht hat, sich zum Gespött der ganzen Nation zu machen. Er hat sich als fahrender Ritter aufgemacht, Gott weiß wohin, und bislang ist es unmöglich, ihn zu finden ... Nichts, was mir jemals zustieß, hat mich so bewegt. Ich bin kaum in erträglicher Laune, um darüber zu sprechen oder zu schreiben, und ich leugne nicht, davon in einer Weise getroffen zu sein, dass mir der Sinn danach steht, das Meer zu überqueren, um in Erfahrung zu bringen, welche Wirkung ein neuer Himmel und eine neue Erde auf mein Gemüt nehmen.*

Im Monat darauf – der Sohn war immer noch nicht aufgetaucht –

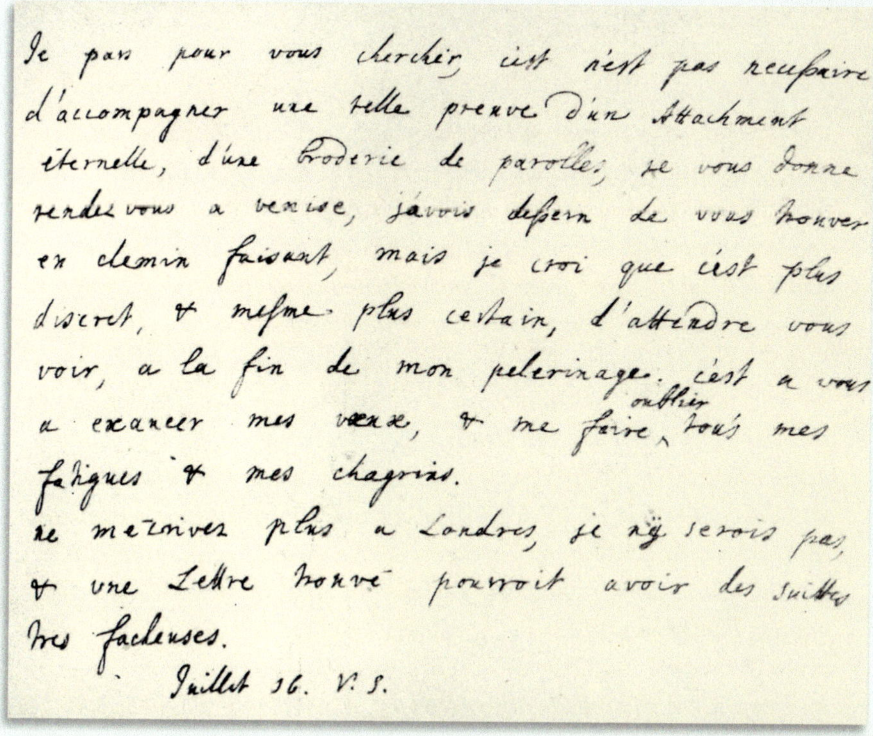

Je pars pour vous chercher, cest n'est pas necessaire d'accompagner une telle preuve d'un Attachment eternelle, d'une broderie de parolles; je vous donne rendez vous a venise, j'avois dessein de vous trouver en chemin faisant, mais je croi que c'est plus discret, & mesme plus certain, d'attendre vous voir, a la fin de mon pelerinage. c'est a vous a exaucer mes voeux, & me faire oublier tous mes fatigues & mes chagrins.

ne m'ecrivez plus a Londres, je n'y serois pas, & une Lettre trouvé pourroit avoir des suittes tres facheuses.

Juillet 16. V: S.

kamen Erinnerungen an die eigene Kindheit dazu: Lady Montagus Mutter war sehr früh gestorben, und ihr Vater, *der sich nicht verpflichtet fühlte, der Erziehung seiner Kinder besondere Beachtung zu schenken*, hatte die kaum vierjährige Mary und ihre jüngeren Geschwister zu seiner Mutter abgeschoben. Als dann auch die Großmutter starb – Mary war zu diesem Zeitpunkt gerade zehn Jahre alt –, wurden die vier Geschwister einmal mehr umgesiedelt, auf den Landsitz Thoresby Hall, und dort in die Obhut der Gouvernante gegeben. Mit dem in dem Brief erwähnten Salon könnte der Bibliotheksraum von Thoresby gemeint sein, in dem Mary, wie nicht wenige Jugendliche aus den besseren Kreisen ihrer Zeit, sich durch intensive Lektüre jene Bildung verschaffte, die ihr als Mädchen vorenthalten wurde:

Brief von Lady Mary Wortley Montagu an den Philosophen und Kunstkritiker Herzog Francesco Algarotti vom 16. Juli 1739.

An Lady Mar
[September 1727]

Es ist eine schändliche Welt, liebe Schwester, und ich kann gut verstehen, egal, ob man nun in Paris oder in London ist, dass man an dieser Mischung aus Narrheit und Schurkerei erstickt, aus der sich die meisten Menschen zusammensetzen. Mit einem Haufen höflicher Lumpe oder rechtschaffener Idioten würde ich noch Geduld haben. Doch Stammvater Adam lässt durch seine gesamte Nachkommenschaft hindurch grüßen; erst biss er gleich einem Toren in den Apfel und dann verriet er gleich einem Schuft seine Mittäter. ... All diese und fünfhundert weitere Dinge haben bei mir zu der Überzeugung geführt (obwohl ich für den Urheber des Buches der Natur tiefe Bewunderung hege), dass unser wirklicher Zustand der der Strafe ist. Ich bin davon überzeugt, seit meiner Geburt verdammt zu sein, und indem ich mich der göttlichen Gerechtigkeit füge, zweifle ich nicht daran, die Strafe durch ein vorheriges Leben auch verdient zu haben ...

Ich werde sehr fromm, wie Du merkst, setze all meine Hoffnungen auf das Fortleben und bin völlig von der Wertlosigkeit dieses Lebens überzeugt. Erinnerst Du Dich nicht, wie unglücklich wir waren in dem Salon in Thoresby? Wir glaubten, dass Heiraten uns auf der Stelle in den Besitz all dessen bringen würde, was wir uns wünschten; dann kam das Leben mit Kind, und Du siehst, wohin es führt, das Leben mit Kind.

Dennoch bin ich nach allem weiterhin der Meinung, dass es ausgesprochen dämlich ist, sich auf ein schlimmes Schicksal herauszureden; man sollte all seinen Geist und Mut zusammennehmen und von seinem Herzen zehren, wenn sich keine andere Nahrung finden lässt. Dahin gehen meine gegenwärtigen Bemühungen, und ich springe herum, obwohl mir 5000 Nadeln ins Herz stechen. Ich versuche mich mit einer kleinen Zofe zu trösten, die im Moment alles ist, was ich liebe, doch ach, noch trägt sie einen Kinderrock. Mit 14 wird sie mit dem Butler durchbrennen. Da hast Du eine der verflixten Folgen großer Enttäuschung: nicht nur dass man sich wegen der gegenwärtigen Dinge grämt, man lässt auch alle Hoffnung auf die Zukunft fahren und die großen Erwartungen weichen der Melancholie. Quelle vie.

Gefühl mit Verstand

Jane Austen an ihre Schwester Cassandra

Als Jane Austen Romane zu schreiben begann, dominierte der Briefroman die belletristische Produktion. Samuel Richardsons Romane »Pamela« (1740) und »Clarissa« (1747–51), aber auch das von Jane Austen geliebte Spätwerk »Die Geschichte des Sir Charles Grandison« (1753/54), Rousseaus »Julie oder Die neue Heloïse« (1761), Goethes »Die Leiden des jungen Werthers« (1774), Frances (Fanny) Burneys Romane »Evelina« (1778) und »Camilla oder ein Bildnis der Jugend« (1796), den Jane Austen bei Erscheinen sofort subskribierte, aber auch John Clelands »Memoiren eines Freudenmädchens« (1749), besser bekannt als »Fanny Hill«, fanden nicht nur viele Leser, sondern auch viele Nachahmer, und in beiden Gruppen bildeten Frauen die Mehrheit.

Briefe galten unter den schriftlichen Ausdrucksformen als diejenige mit der größten Nähe zur Mündlichkeit, zum Gespräch. »Schreibe nur wie du reden würdest, und so wirst du einen guten Brief schreiben«, hatte der junge Goethe seiner Schwester empfohlen – selbstredend in einem Brief. Die Nähe zur Konversation spiegelt sich auch darin wider, dass Briefe häufig im Familien- und Freundeskreis vorgelesen wurden, selbst dann, wenn sie einigermaßen vertrauliche Mitteilungen enthielten. Es gab geradezu einen Wettbewerb unter den Empfängern von Briefen, wer das Maximum an Vertrauensbeweisen anderer auf seine Person vereinigen konnte. Aber auch der Schreiber eines Briefes ging in dem Gefühl zu Werke, wenigstens auf dem Papier an der Geselligkeit der Abwesenden, etwa seiner Familie oder Freunde, teilhaben zu können.

Die Ungekünsteltheit und Spontaneität des Briefes verhalf ihm aber noch in anderer Weise zu einer beispiellosen Karriere im bürgerlichen Zeitalter: Er wurde zur bevorzugten Form, um seine Empfindungen zu erkunden, ihnen Ausdruck zu verleihen und sie anderen mitzuteilen. Ein Briefroman erzählt seine Geschichte im Spiegel der etwa von einem fiktiven Herausgeber mitgeteilten Briefe. Der Fortgang der Handlung ergibt sich da allein indirekt – aus dem, was der Leser den einzelnen Briefen entnehmen kann. Das scheint auf den ersten Blick ein Nachteil zu sein. Aus dem Nachteil wird jedoch dort ein Vorteil, wo es in erster Linie darum geht, das Innenleben der Romanfiguren dem Leser möglichst unmittelbar und plastisch zu vergegenwärtigen. Die mitgeteilten Briefe erlauben dem Leser den Zugang zur verborgenen Bewusstseinswelt der Romanheldin bzw. des Romanhelden. In diesem Sinne ist der Brief im Roman ein Vorläufer des inneren Monologs. Mit den literarischen Mitteln der Zeit verschaffte der Briefroman seinen Lesern

Ein englischer Schreibtisch aus der Zeit des Regency mit vielen kleinen Schubladen und einem Geheimfach.

jedenfalls die Suggestion, den fiktiven Charakteren, mit denen sie sich identifizierten, direkt ins Herz zu schauen. Das hatte bislang keine literarische Form vermocht und erklärt allein schon den ungeheuren Erfolg des Romans bei einem Publikum, dem die Einfühlung in empfindsame Seelen als das Nonplusultra des Kunstgenusses erschien. Und genau an diesem Punkt setzte die Kritik Jane Austens an.

Sie schuf Romane, die Frauen über ihre Möglichkeiten aufklärten

Jane Austens Weg zur Romanautorin begann nicht nur mit dem Verfassen von Lustspielen und Burlesken, die im Familienkreis aufgeführt wurden, sie knöpfte sich auch das populäre Genre des Briefromans vor und beutete es parodistisch aus. Das geschah etwa in »Liebe und Freundschaft«, einem Werk der fünfzehnjährigen Autorin, das auf brillante und bis heute äußerst komische Weise die geheiligten Themen und Motive der Romane Richardsons und auch des »Werther« travestiert. Insbesondere den Empfindsamkeitskult nahm die angehende Romanautorin mit einem großen komischen Talent aufs Korn: sie zerpflückte nicht nur die Stereotypen, mit denen der sentimentale Roman arbeitet – etwa dem der Liebe, die sich auf den ersten Blick einstellt, oder der Seelenfreundschaft –, sie zeigte auch, dass sich hinter der herbeigeschriebenen Empfindungsseligkeit häufig Sprachlosigkeit und mangelndes Urteilsvermögen verbargen.

Dennoch waren die ersten ernsthaften eigenen Romanprojekte, die Jane Austen im Alter von gut zwanzig Jahren in Angriff nahm, weiterhin dem Genre des Briefromans verpflichtet gewesen. Veröffentlicht wurden sie jedoch erst gut 15 Jahre später; in der Zwischenzeit – einer langen Schreib- und auch Lebenskrise – hatte sich die Autorin an ihre gründliche Umarbeitung gemacht, so dass kaum noch etwas an ihre ursprüngliche Form erinnerte. Jane Austens große literarische Leistung ist es, dem Roman die Betulichkeit, Weitschweifigkeit und Geschwätzigkeit der Vorgänger genommen, ihn von erstarrten Formen entschlackt und ihm eine neue Spritzigkeit verliehen zu haben. Darüber hinaus hatte sie eine Ahnung davon, dass ihre Leserschaft vorwiegend weiblich war, und schuf Romane, die Frauen über ihre Position in der Gesellschaft und ihre Möglichkeiten aufklärten, etwas aus ihrem Leben zu machen.

Dieselbe Autorin, die in den von ihr geschaffenen Romanen den Brief als Abkürzung des Weges zum Herzen ihrer Romanfiguren und der Leser ablehnte, hat zeitlebens außerordentlich lebendige Briefe geschrieben. Sie hatten allerdings weder etwas von Herzensergüssen noch erhoben sie in irgendeiner Weise literarische Ansprüche.

Der Brief war für Jane Austen das passende Mittel, um vor allem der Schwester Cassandra von den Begebenheiten – besonderen wie gewöhnlichen, häufiger gewöhnlichen – ihres Alltags zu berichten und mit ihr in Kontakt zu bleiben; heute würden die meisten von uns wahrscheinlich zum Telefon greifen, um sich über die dort berichteten Dinge – Ausflüge, Krankheiten, Kleider, Einkäufe, Bälle, Ereignisse in der Nachbarschaft – auszutauschen. Wenn ein Kritiker der posthum erschienenen und auch nie für eine Veröffentlichung bestimmten Briefe von einer »Wüste der Trivialitäten mit gelegentlich eingestreuten Oasen kluger Bosheit« sprach, so ist das sicher nicht völlig falsch. Nur ist das Alltägliche, für den, der es zu bewältigen hat, nie nur trivial, und es kommt natürlich schon auf den Ton an, in dem darüber berichtet wird. Und hier finden wir alle Tugenden der Darstellung wieder, die auch die Leser von Janes Austens Romanen bis heute schätzen: die gänzliche Unsentimentalität, mit der die Dinge des Lebens betrachtet werden, die Vorliebe für Klatsch und für die sprechenden Unzulänglichkeiten gerade derjenigen, die sich über derlei erhaben dünken, die scheinbare Beiläufigkeit, mit der Wesentliches abgehandelt wird, das Gespür für die Absurditäten des Alltags, einen unübertroffenen spöttischen Lakonismus, die Aufmerksamkeit für die Gegenwart, die für Jane Austen mehr zählte als alle Vergangenheit oder Zukunft, oder auch der ironische Vorbehalt, den sie eigentlich in keiner Situation aufgab.

So wird etwa auch das Thema der Freundschaft, das für Jane Austen keineswegs unwichtig war, von ihr gleichsam beiläufig und mit

Der Scherenschnitt zeigt Cassandra Austen, die ältere Schwester Janes, zeitlebens die engste Vertraute der Schriftstellerin. Das Aquarell einer Rückenansicht von Jane fertigte Cassandra im Jahr 1804 an.

ironischem Unterton abgehandelt. Freundschaft war für die Austen ein graduelles Phänomen; man konnte mit dem einen mehr Freund sein als mit dem anderen: Hier kam es – wie in fast allen Dingen des Lebens – nicht nur aufs Gefühl, sondern auf die genaue Beobachtung und ein waches Urteilsvermögen an. Am unteren Ende der Freundschaftsskala befand sich die gesellschaftlich erwünschte, absehbare Beziehung, die sie für oberflächlich hielt, weil ihr keinerlei Aufmerksamkeit für die Besonderheiten des anderen entsprach. Das zeigt etwa die Cassandra berichtete Geschichte mit Mrs. Chamberlayne, einer Dame der Gesellschaft aus dem Kurort Bath, deren gutgemachte Frisur sie wohl respektiere, wie sie in einem anderen Brief an Cassandra schrieb, für die sie aber ansonsten keine Gefühle aufbringen könne:

Die Freundschaft zwischen Mrs. Chamberlayne und mir, die Du vorausgesehen haſt, iſt schon in vollem Gange – jedes Mal, wenn wir uns sehen, reichen wir uns die Hände. Unser langer Spaziergang nach Weſton war wieder für geſtern ausgemacht und fand auf bemerkenswerte Weise ſtatt. Alle aus unserer Gesellschaft sagten unter irgendeinem Vorwand ab, außer uns beiden, und wir hatten deshalb ein Tête à tête, aber das hätten wir nach den erſten beiden Metern auch dann gehabt, wenn sich die halbe Einwohnerschaft von Bath mit uns auf den Weg gemacht hätte.

Es hätte Dich amüsiert, unser Vorankommen zu beobachten: Wir gingen beim Sion Hügel hoch und durch die Felder zurück. Was das Beſteigen eines Hügels anbelangt, iſt Mrs. Chamberlayne wirklich famos; nur unter großer Mühe konnte ich mit ihr Schritt halten, dennoch hätte ich um alles in der Welt nicht aufgegeben. Im ebenen Gelände dann war ich mit ihr gleichauf. Und so sputeten wir uns unter einer schönen heißen Sonne, sie ohne Sonnenschirm oder irgendeine Krempe an ihrem Hut, die ihr Schatten gespendet hätte, und ohne irgendwann einmal Halt zu machen. Wir überquerten den Kirchhof von Weſton mit einer solchen Eile, als hätten wir Angſt, bei lebendigem Leibe verbrannt zu werden. Nachdem ich gesehen habe, wozu sie in der Lage iſt, kann ich nicht anders, als Hochachtung für sie zu empfinden …

Am oberen Ende der Freundschaftsskala war hingegen eine Verbindung wie die zu Martha Lloyd angesiedelt, der Jane und Cassandra

Austen seit Kindheitstagen verbunden waren und die später die zweite Frau ihres Bruders Francis werden sollte. Zu ihr war ein Vertrauensverhältnis möglich, das vor Gefühl und Verstand gleichermaßen Bestand hatte.

Steventon, Dienstag, 8. Januar [1799]

Meine liebe Cassandra,

Von Deiner Besorgnis, dass Mrs. Hulberts Dienstbote mich im Wäldchen von Ashe Park ermorden könnte, ist in Deinem Brief so wenig zu spüren, dass ich große Lust habe, Dir gar nicht zu erzählen, ob ich nun dort war oder nicht, und nur sagen werde, dass ich in jener Nacht und auch der nächsten gar nicht nach Hause gekommen bin, da Martha mir liebenswürdigerweise in ihrem Bett Platz gemacht hat … Kindermädchen und Kind

Das Gemälde des britischen Künstlers Ozias Humphry (um 1788/89) zeigt vermutlich – es gibt keine Gewissheit – Jane Austen im Alter von vierzehn Jahren.

schliefen auf dem Fußboden, und wir alle hatten einiges Durcheinander, aber große Behaglichkeit. Das Bett taugte ausgesprochen gut dazu, wach darin zu liegen und bis um 2 Uhr in der Früh zu plaudern, und dann den Rest der Nacht zu schlafen. Ich liebe Martha mehr denn je, und ich habe vor, sie nach Möglichkeit zu besuchen, wenn sie nach Hause kommt.

Ein solches Gefühl der Nähe zeichnete auch Jane Austens Beziehung zu der zwei Jahre älteren Schwester Cassandra aus, die zugleich ihre beste Freundin war. Die beiden waren umgeben von sechs Brüdern aufgewachsen, hatten aber als Mädchen, auf deren Ausbildung damals sehr viel weniger Wert gelegt wurde, stets ihren eigenen Bereich und einen gewissen Freiraum im Elternhaus gehabt. Beide blieben unverheiratet; Jane wohl letztlich aus freien Stücken, weil sich eine Existenz als Gattin und Mutter nicht mit ihrer Schriftstellerei vertragen hätte, Cassandra aufgrund einer Liebesgeschichte mit unglücklichem Ausgang. Die beiden Schwestern teilten sich ihr Leben lang ein Schlafzimmer; waren sie einmal getrennt, schrieben sie sich regelmäßig zweimal in der Woche. Laut ihrer Mutter war die Anhänglichkeit der beiden so groß, dass »wenn Cassandra sich hätte enthaupten lassen, dann hätte Jane darauf bestanden, dass man sie ebenfalls enthaupten solle«. Doch hat diese Nähe über den Lebenslauf hinweg insbesondere für Jane zuweilen auch etwas Bedrückendes, sie Beengendes gehabt. Wie wir aus ihren Briefen schließen können, war sie stets darauf bedacht, die ältere Schwester bei Laune zu halten, was dazu führte, dass sie den Spott, mit dem sie über andere herzog, dann und wann auch übertrieb. In diesem Motiv, zu schreiben, um einen anderen, in diesem Fall die ältere Schwester, zum Lachen zu bringen, lässt sich auch eine Art Urszene ihrer Schriftstellerei vermuten. Doch sind wir da insofern auf Spekulationen angewiesen, als Cassandra Austen nach Janes Tod ihren gesamten Anteil an der gemeinsamen Korrespondenz vernichtet und auch die Briefe ihrer Schwester »zensiert« hat: entweder ebenfalls durch Vernichtung oder indem sie Passagen unkenntlich machte.

Die Rivalin

Virginia Woolf und Katherine Mansfield

»Freundschaften mit Frauen interessieren mich«, notierte Virginia Woolf im November 1919 in ihrem Tagebuch, Jahre vor ihrer Liebesbeziehung mit Vita Sackville-West. Der lapidare Satz lässt insofern aufmerken, als er im Kontext ihrer Beziehung zu der Schriftstellerin Katherine Mansfield fällt, die eine Frauenfreundschaft ganz besonderer Art war. Die Wahrheit sei wohl, meinte Virginia Woolf einmal, dass eine unausgesprochene Voraussetzung ihrer Freundschaft die gewesen sei, dass sie fast gänzlich auf Treibsand gründete.

Natürlich hatten sie bereits voneinander gehört, als sie sich im Februar 1917 endlich kennenlernten. Lytton Strachey, einem Freund Virginia Woolfs aus Bloomsbury-Tagen, war an Katherine Mansfield insbesondere ein »scharfer und etwas vulgär-abstruser« Intellekt aufgefallen. Virginia Woolf fand sie denn auch eher unangenehm und skrupellos. Ihre Wurzellosigkeit und Abenteuerlust auch in sexueller Hinsicht standen in scharfem Gegensatz zu ihrer eigenen, zumindest

Virginia Woolf (rechts) und Katherine Mansfield (links).

Der Londoner Literaturzirkel um Virginia Woolf zeichnete sich durch Hochbegabung und Unkonventionalität aus. Dazu gehörten auch Katharine Mansfield und ihr Mann John Middleton Murry (Foto von 1921).

nach außen hin repräsentierten Bürgerlichkeit – jener Mischung aus »Dach über dem Kopf«, »ihre Besitztümer um sich versammelt – und ihr Mann irgendwo in Rufweite«, wie es Katherine Mansfield einmal spöttisch beschrieben hat (worum sie Virginia indessen auch beneidete).

Aber – und zu Beginn war das wohl der ausschlaggebende Grund, sich auf eine Beziehung mit der Autorenkollegin einzulassen – Virginia Woolf war auch Lektorin im eigenen Verlag, der Hogarth Press, und Katherine Mansfield eine vielversprechende Verfasserin origineller Shortstorys, die eine in ihrer Mischung aus Naivität und Raffinesse bezwingende Prosa schrieb. Eine verführerische Kostprobe davon in Briefform lieferte Katherine bald im Anschluss an ihre erste Begegnung ab, bei der auch Vanessa, Virginias Schwester, und Murry, Katherines Mann, zugegen gewesen waren:

141A, Church Street, Chelsea, S.W.
[24. Juni? 1917]
Virginia, Liebe

Sehr gern werde ich am Mittwoch mit Ihnen allein zu Abend essen: Freitag schaffe ich nicht. Seit ich Ihren Brief gelesen habe, habe ich Ihnen auch geschrieben und war auch ein wenig von Ihnen »verfolgt«. Ich sehne mich danach, Sie wiederzusehen. Die Erinnerung an jenen letzten Abend ist so merkwürdig: Ihre Stimme & Vanessas Stimme im Dunkeln, sozusagen – weiße Ringe von Tellern schweben in der Luft – und ein Duft von Erdbeeren & Kaffee ... und ein Gefühl, als triebe vor dem Fenster ein tiefer dunkler Strom, erfüllt mit einem stummen Rauschen kleiner Aale mit spitzen Ohren, die nach Norwegen ziehen & wiederkommen ...

Mein Gott, ich stelle mir so gern vor, Virginia, Sie seien meine Freundin. Verschreien Sie mich nicht als hitziges Ding und sagen Sie auch nicht, den Kopf ein wenig zur Seite gelegt und lächelnd, als wüssten Sie um ein bezauberndes Geheimnis: »Nun, Katherine, wir werden sehen« ... Doch bedenken Sie bitte, wie selten es ist, jemanden mit derselben Leidenschaft fürs Schreiben zu finden, wie Sie sie haben, und Sie, die Sie kompromißlos ehrlich mit sich sein wollen – und Ihnen die Freiheit der Stadt ohne Vorbehalt zu geben.

Und natürlich trog Katherine Mansfields Ahnung nicht: Es war ihrer beider »Leidenschaft fürs Schreiben« und damit zusammenhängende Fragen, die sie und Virginia Woolf zusammenführte. Der Überlieferung nach müssen die beiden Autorinnen einige äußerst berückende, laut Virginia »unschätzbare« Gespräche über das Schreiben und ihre Auffassung von Schriftstellerei geführt haben – »unschätzbar in dem Sinne, dass ich mit niemand sonst derart schwerelos über das Schreiben sprechen kann«, wie Virginia in ihrem Tagebuch notierte. »Nur selten gibt mir eine Frau, der das Schreiben so wichtig ist wie mir, dieses eigenartige Gefühl eines geistigen Echos, das unmittelbar von ihr zu mir zurückkommt, sobald ich zu Ende geredet habe.« Und auch Katherine Mansfield, bei der man allerdings nie genau weiß, wie hoch der Anteil an Schmeichelei in ihren brieflichen Mitteilungen ist, teilte diese Einschätzung offensichtlich. Aus Menton, wo sie sich wegen ihrer Tuberkulose aufhielt, schrieb sie in ihrer suggestiven Briefprosa Ende Dezember 1920 an Virginia:

Ich denke oft an Dich – sehr oft. Ich sehne mich danach, mit Dir zu sprechen ... Wenn Virginia durchs Tor hereinkäme und sagte »Nun Katherine« – Ach, es gibt tausend Dinge, über die ich gerne mit Dir reden würde. Ich frage mich, ob Du weißt, was Deine Besuche mir bedeutet haben – oder wie sehr sie mir fehlen. Du bist die einzige Frau, mit der ich über die Arbeit sprechen will. Es wird nie andere geben. Aber es trennen uns Meilen ...

Doch es waren nicht nur die Meilen, die sechs Jahre Altersunterschied und die Verschiedenartigkeit ihrer Temperamente und Lebensverhältnisse, die die beiden Schriftstellerinnen voneinander trennten. Es war vor allem genau dasjenige, was sie auch verband: ihre »kostbare Kunst«, die beiden so am Herzen lag, sie aber nicht nur zu Verbündeten, sondern auch zu Rivalinnen werden ließ. Mansfields längere Erzählung »Prelude« wurde von der Hogarth Press veröffentlicht, und auch andere Geschichten fanden Virginias Bewunderung. Als 1918 dann aber »Bliss« (»Glück«) erschien, legte sie ihrer Eifersucht und ihrer Abneigung gegenüber gewissen sentimentalen und für ihren Geschmack zu sexuellen Zügen ihrer Prosa nicht länger Zügel an und erklärte sie, zumindest in ihrem Tagebuch, für »erledigt«: »In der Tat weiß ich nicht, wie viel Vertrauen in sie als Frau oder Schriftstellerin diese Art von Geschichte überleben kann.« (Die Erzählung ist übrigens wirklich haarsträubend schlecht, kitschig und hat dazu noch eine billige Pointe.)

Katherine Mansfield andererseits missfiel der 1919 veröffentlichte Roman »Nacht und Tag« ihrer Freundin außerordentlich; in einer Rezension verspottete sie Virginia Woolf, »die Miss Austen von heute [zu sein] ... aufs äußerste kultiviert, distinguiert und brillant, vor allem aber – bedächtig ... mitten in unserer Bewunderung fühlen wir uns dabei alt und kalt: nie hätten wir geglaubt, noch einmal auf etwas Derartiges zu stoßen!« Ein solches Verdikt musste Virginia treffen, zumal es von einer Kollegin stammte, deren Prosa sie trotz aller Vorbehalte für innovativ hielt und der ihrigen darin als überlegen empfand. Doch Virginia Woolf nahm sich die Kritik auch zu Herzen. Die Anfangsszene von »Jacobs Zimmer«, ihrem nächsten Roman, der keineswegs mehr konventionell erzählt ist, enthielt versteckt, für die Rivalin jedoch klar erkennbar, Bezüge zu »Der Wind weht«, eine von Mansfields besten Erzählungen. Auf diese Weise stattete Virginia

1917 gründeten Virginia Woolf und ihr Mann Leonard den Verlag The Hogarth Press, benannt nach ihrem Haus in Richmond, in dem die ersten Ausgaben noch von ihnen selbst von Hand gesetzt wurden.

Woolf der Kritikerin ihre Reverenz als Schriftstellerin ab, als wollte sie sagen: Ich habe verstanden – und Du siehst, ich kann es ebenso gut wie Du, wenn nicht besser. Gerade in ihrer Art, mit der Kritik der jeweils anderen umzugehen, unterschieden sich die beiden Schriftstellerinnen. Während Virginia Woolf auch in diesem Fall zu der bewährten Strategie griff, sich anzuverwandeln, was sie bedrohte, flüchtete sich Katherine Mansfield zunehmend in ein katzenhaftes Schweigen.

»Ich werde viel über das Schreiben nachdenken, und über Katherine ... «

Die Freundschaft mit Katherine Mansfield zwang Virginia Woolf dazu, sich den wesentlichen Fragen ihres Schreibens zu stellen – das machte die Beziehung so notwendig wie bisweilen zermürbend, und diese Auseinandersetzungen, die immer auch ein Kampf mit den eigenen Ansprüchen waren, fanden selbst nach Katherines frühem Tod keineswegs ein Ende. Mit dem Roman »Mrs. Dalloway«, der 1925 erschien, da war Katherine bereits zwei Jahre tot, glaubte Virginia Woolf ihre Rivalin hinsichtlich Innovationskraft und literarischem Vermögen endgültig geschlagen zu haben: »Ja wenn sie überlebt hätte, hätte sie weitergeschrieben & man hätte gesehen, dass ich die Begabtere bin – das wäre nur immer offensichtlicher geworden«, lesen wir, über so viel Verbissenheit beinahe erschrocken, in ihrem Tagebuch.

Von Murry angespornt, der sie auf die zunehmende Vereinsamung seiner schwer kranken Frau hinwies, hatte Virginia jedoch erst einmal versucht, das Schweigen zu brechen, und Katherine einen längeren, warmherzigen, launigen und tröstenden Brief im Woolfe'schen Plauderton geschrieben, voller möglicher Anknüpfungspunkte, was ihr ureigenstes gemeinsames Thema, das Schreiben, anbelangte:

Hogarth House, Paradise Road, Richmond, Surrey
13. Feb. [1921]
Meine liebe Katherine,

... Ich habe Murry vor zwei Abenden gesehen, als ich zum Dinner am Gordon Square war; aber Clive [Vanessas Mann] schreit so laut, daß man

kaum etwas sagen kann – trotzdem haben wir ein wenig über Dich gesprochen, was mir gefallen hat. Ständig fallen mir Dinge ein, die ich Dir sagen möchte, Sie müssen in mein Tagebuch geschrieben werden. Ich frage mich, was Du über Dein Buch [»Bliss and Other Stories«] denkst, und darüber, was die Leute darüber gesagt haben. Die Rezensionen sind enthusiastisch, aber andererseits sind Rezensionen dumm. Soll ich Dir eines dieser Tage eine Kritik darüber schreiben? Manchmal denke ich, daß wir, obwohl wir so verschieden sind, einige derselben Schwierigkeiten haben. Ich stecke jetzt mitten in meinem Roman [»Jacobs Zimmer«], muß aber natürlich abbrechen, um ein bißchen Geld zu verdienen. Ich werde einen Artikel über Dorothy Wordsworth schreiben, und damit unsere neuen Laken bezahlen, und mich dann wieder daranmachen. Ich weiß jedoch nicht, ob er lesbar ist. Was ich an Dir so bewundere, ist Deine Transparenz. Meine Sachen werden immer schlammig; und dann muß man in einem Roman Kontinuität haben, aber in diesem schnipsele ich ständig und wechsele von einer Ebene zur nächsten. Ich glaube, ich will darauf hinaus, das Bewußtsein zu ändern, um den schrecklichen Brei auf diese Weise aufzubrechen. Kannst Du Dir darunter irgend etwas vorstellen? Und Du scheinst mir so gerade und direkt vorzugehen, – alles so glasklar – verfeinert, vergeistigt. Aber ich muß sie noch einmal richtig lesen. Ich habe das Gefühl, als hätte ich nicht mehr nur Realismus haben wollen – nur Gedanken und Gefühle – keine Tassen und Tische. Wann kommt Dein nächstes Buch heraus? …

Meine liebe Katherine, was für ein gräßlich langer Brief! Meine Kirchenglocken läuten wie Deine es taten. Aber ein Sonntagabend in Richmond muß nicht beschrieben werden. L. [Virginias Mann Leonard] und ich werden jetzt auf dem Gasherd Eier und Schinken kochen; dann werde ich ein paar russische Worte für Koteliansky lernen, der darauf besteht, uns zu unterrichten; dann werde ich Dorothy Wordsworth lesen – aber wahrscheinlich werde ich viel über das Schreiben nachdenken, und über Katherine; und vor dem Feuer halb eindösen. Bitte, Katherine, laß uns versuchen, einander zu schreiben.

Herzl. Deine
V.W.

Doch Katherine Mansfield antwortete nicht, und Virginia brachte kein Verständnis mehr für ihr Schweigen auf, hatte auch keinen Blick mehr für ihre schwere, tödliche Erkrankung (obwohl sie selbst eine kranke Frau war). Es fielen noch einige bissige Bemerkungen, dann starb die Rivalin, und die Hinterbliebene wurde sich jäh dessen bewusst, dass das gemeinsame Gespräch nicht zu Ende geführt, sondern nur abgebrochen war, dass hier etwas Unerledigtes ihrer harrte, das stärker war als die Genugtuung, die »andere« endlich los zu sein.

In mancher Hinsicht hat Vita Sackville-West später jene Stelle in Virginias Leben eingenommen, die Katherines Tod verwaist zurückgelassen, zu Lebezeiten aber auch nur unzulänglich ausgefüllt hatte. Auch Vita war Schriftstellerin, aber die Art ihrer Literatur gab der Woolf wenig Anlass zu Konkurrenzgefühlen: Zumindest in dieser Hinsicht fühlte sie sich ihrer Partnerin haushoch überlegen.

Prima della partenza

Ingeborg Bachmann
an Hans Werner Henze

Liebes fräulein bachmann –
Ich sehe Sie nicht mehr?
Montag früh fahre ich nach köln, wenn Sie wollen,
nehme ich Sie mit.
Werde nochmal anrufen.
Ihre gedichte sind schön, und traurig,
aber die idioten, selbst leute, die so tun,
als ob sie »verstünden«, verstehen nicht.
adieu
Ihr
hwhenze

Mit diesen Zeilen, wahrscheinlich am 1. November 1952 auf Burg Berlepsch bei Göttingen geschrieben, begann die Freundschaft zwischen der Dichterin Ingeborg Bachmann und dem beinahe gleichaltrigen Komponisten Hans Werner Henze. Beide waren zur Tagung der Gruppe 47 nach Burg Berlepsch gekommen, Ingeborg Bachmann aus Wien, wo sie ihr Geld zu der Zeit im *script department* des Senders »Rot-Weiß-Rot« verdiente, Hans Werner Henze mit dem Wagen aus München, von wo aus er nach Italien überzusiedeln plante. Ingeborg Bachmann trug auf der Tagung ihre »schönen, und traurigen« Gedichte vor, Hans Werner Henze begleitete Wolfgang Hildesheimer, der aus dem Text der von ihnen gemeinsam geschaffenen Funkoper »Das Ende einer Welt« las. Der Dichterin wie dem Komponisten war das Metier des jeweils anderen nicht fremd: Ingeborg Bachmann hatte, ihrer eigenen Aussage nach, »zuerst angefangen zu komponieren und dann erst zu schreiben«; die Musikähnlichkeit der Sprache bedeutete der Dichterin eine Möglichkeit, mit den Mitteln der Sprache diese zu überschreiten. Hans Werner Henze hingegen hatte, auch aufgrund einer ungewöhnlichen literarischen Begabung, ein großes Interesse an Poesie, etwa an den Gedichten Trakls, entwickelt; die Sprachähnlichkeit von Musik stand für den Komponisten insbesondere von Bühnen- und Vokalwerken für das Erreichen einer größeren Klarheit beim Komponieren.

Als Hommage für Henze schrieb Ingeborg Bachmann später den Essay »Musik und Dichtung«, deren Zusammenspiel sie als »ein kost-

Ingeborg Bachmann hatte großes musikalisches Gespür, während Hans Werner Henze in der Poesie, zumal in ihrer, den Klang suchte und fand.

bares zweites Leben« für beide beschrieb: »Miteinander, und voneinander begeistert«, seien Musik und Wort »ein Ärgernis, ein Aufruhr, eine Liebe, ein Eingeständnis« – fühllos, wer das darin mit enthaltene Lob ihrer Freundschaft überliest.

Hans Werner Henze muss es wohl gelungen sein, das Fräulein Ingeborg Bachmann von den Vorteilen einer gemeinsamen Autofahrt nach Köln zu überzeugen; jedenfalls freundeten sich die Dichterin und der Komponist rasch an, wechselten Briefe miteinander und begannen eine künstlerische Zusammenarbeit, die bis in die Sechzigerjahre anhielt. Von August bis Oktober 1953 wohnte Ingeborg Bachmann dann unweit von Forio auf der Insel Ischia in der Nähe des mittlerweile in den Süden ausgewanderten Hans Werner Henze.

Das mediterrane Eiland im Golf von Neapel beherbergte zu dieser Zeit eine internationale Intellektuellenkolonie, der unter anderen der Dichter W. H. Auden, der Komponist Sir William Walton und Golo Mann angehörten. Henze feierte die Ankunft der siebenundzwanzigjährigen Dichterin wie die einer Göttin. »Sie traf ein an einem Sonntag, am Tage des großen forianischen Festes vom heiligen Veit, San Vito«, schreibt er in seiner Autobiographie. Überall standen die Leute auf den Dächern und bestaunten die mondbeschienene Nacht. Und dann brach drüben in Forio »eines von diesen napolitanischen Feuerwerken los, bei denen man gar nicht mehr aus dem Staunen herauskommt«. Als Ingeborg Bachmann sich Sorgen machte, dass dieses Feuerwerk für die Einwohner eine zu teure Angelegenheit sein könnte, rief Henzes Vermieterin aus: »Aber nein! Einmal muß das Fest ja doch kommen!« Dieser Satz wurde später zur Anfangszeile eines »Tanz- und Passionsliedes in Bachmanns ›Liedern von einer Insel‹«, das Henze »Anfang der Sechzigerjahre für einen kleinen Chor und eine kleine Anzahl Instrumente« setzte. Noch war die Zeit fern, wo er feststellen musste, dass seine Freundin »die wunderliche Angewohnheit besaß, mehrere Leben gleichzeitig zu leben oder doch so zu tun als ob«.

Ein Jahr später, 1954, machte Henze trotz seiner Homosexualität der Freundin sogar einen Heiratsantrag, und sie scheint anfangs darauf eingegangen zu sein. Als die Dinge dann jedoch Form annahmen, merkte Henze, dass er nicht in der Lage sein würde, sich *in diese*

Ehe zu stürzen, wie er ihr am 24. April 1954 auf Italienisch aus Ischia schrieb, und machte einen Rückzieher: *wahrscheinlich wäre das leben zur hölle geworden, vor allem für Dich, das war mir sofort klar, als ich mich den tatsachen gestellt habe. Für mich gibt es weder hoffnung noch rettung, ich muss mein erbärmlich einsames leben bis zum bitteren ende durchhalten, und Dir sollte inzwischen klar sein, dass Deine ehre auf diese weise weniger beschädigt ist, als wenn Du mich wirklich geheiratet hättest, unbrauchbar, wie ich wirklich bin.* In ihrem ebenfalls auf Italienisch geschriebenen Antwortbrief, den Ingeborg Bachmann allerdings nicht abgeschickt hat, redete sie sich damit raus, *das alles als einen Scherz aufgefasst* zu haben. Nicht nur zwischen den Zeilen ist aber deutlich die Erleichterung zu spüren, die ihr die Rücknahme des Antrags bereitete: *Ich denke, wir sollten beide diese Angelegenheit vergessen und in Zukunft das Beste machen aus unserer Freundschaft und unserer Arbeit und den Möglichkeiten zwischen uns. Nimm die »Lieder« [gemeint sind die »Lieder von einer Insel«], die ich Dir schuldig bin und die für dich geschrieben sind ... Bitte fühl Dich frei, und wenn wir uns wieder sehen, können wir neuen Wein trinken auf scheue und witzige Zeiten ohne Harm.*

Eineinhalb Jahre später, im November 1955, schlug Hans Werner Henze ihr noch einmal ein gemeinsames Leben auf großem, beinahe aristokratisch anmutenden Fuß vor, und der Leser von heute merkt betroffen, wie sehr hier schon der Wunsch der Vater des Gedankens gewesen sein muss: *ich möchte, dass wir zusammen leben, in einem grossen schönen haus zu füssen des Vesuvs, wir werden zwei dienstboten haben, und Du brauchst nur das zu arbeiten, was Du willst ... ich habe an alles gedacht. Alles zusammen wird sehr schön werden, und Du wirst eine hochelegante dame sein, ausgeruht, gepflegt und angesehen, das leben wird einen gewissen sinn bekommen, weil man einen pakt gegen die angst manifestieren kann.* Das Zusammenleben im Winter und Frühling 1956 in der gemeinsamen Wohnung in Neapel endete indessen mit der schmerzlichen Einsicht in das Scheitern des generösen Paktes. Sie seien beide *äussert komplizierte und komplexe Wesen*, so Hans Werner Henze nun, *ich vielleicht weniger als Du, aber jedenfalls haben wir das bedürfnis, unsere verrücktheiten zu pflegen, jeder für sich.* Er sehe sich ein wenig geschlagen, denn er habe begriffen, *dass man sich selbst erkennen muss und dann handeln, ohne seine besten werte und kräfte zu vergewaltigen, und man muss wachsam sein.*

Henze, der Freund, wird für Ingeborg Bachmann noch einmal eine lebensentscheidende Rolle in dem Moment spielen, als ihre Beziehung zu dem Schriftsteller Max Frisch zerbrochen ist. Sie sitzt in ihrer gemeinsamen Wohnung in Uetikon am Zürichsee, hat einen Klinikaufenthalt nach einem Selbstmordversuch sowie eine Abtreibung hinter sich, und auch für sie ist *jetzt endgültig ... beschlossen, dass das Leben der letzten Jahre zuende ist.* Sie hätte nie geglaubt, dass alles so schlecht für sie ausgehen würde. *Dass es einen Schmerz geben würde, ja – aber nicht so einen totalen und fast tödlichen Zusammenbruch. Das Ganze war wie eine, lange, lange Agonie, Woche für Woche, und ich weiss wirklich nicht warum, es ist nicht Eifersucht, sondern etwas völlig anderes; vielleicht weil ich, vor vielen Jahren, wirklich etwas Dauerhaftes, »Normales« begründen wollte, bisweilen gegen meine Lebensmöglichkeiten, immer wieder habe ich darauf bestanden, auch wenn ich von Zeit zu Zeit gespürt habe, dass die notwendige Transformation mein Gesetz verletzt oder mein Schicksal – ich weiss nicht, wie ich's ausdrücken soll. Vielleicht sind auch diese Erklärungen falsch – doch Tatsache ist, dass ich tödlich verletzt bin und dass diese Trennung die grösste Niederlage meines Lebens bedeutet. Ich kann mir nichts Schrecklicheres vorstellen als das, was ich durchgemacht habe und was mich bis heute verfolgt ...* Und sie bittet den Freund, ein paar Tage mit ihr zu reisen, mit ihr zu sein – sie brauche es so sehr. *Ach Hans, es ist ein unbilliges Verlangen, aber wenn's einen Himmel gibt, dann wird er es Dir wohl vergelten.*

Bachmann und Henze fanden in Italien ihre zweite Heimat, und für einige Monate lebten die beiden in großer Nähe auf der Insel Ischia im Küstendörfchen Forio.

»Lebe wohl, geliebtes Kind«

Briefe der Mutterliebe

Söhne und Töchter verlassen das elterliche Haus, um in der Fremde zu studieren, eine Familie zu gründen, gar (wie im Falle Marie Antoinettes) Königin zu werden oder einfach nur ihr Glück zu versuchen – und die Eltern, insbesondere die Mütter, schreiben ihnen Briefe, während die Kinder mit unterschiedlichem Erfolg die entstehenden Briefschulden abzutragen bemüht sind. Diese Art von Briefen können verschiedene Richtungen einschlagen: Sie können Verhaltensvorschriften, Pflichtenhefte, Hinweistafeln oder Lehrstücke, also Erziehungsbriefe im eigentlichen Sinne sein. Ebenso können sie lediglich das unterbrochene Gespräch über die Dinge des Lebens mit dem abwesenden Kind fortzusetzen suchen; in diesem Fall dienen sie weniger der stets problematischen Unterweisung aus der Ferne, sondern sind in erster Linie ein Mittel des Trostes, das den Schmerz der Trennung lindern hilft. Und gar nicht selten sind zumal die Briefe, die Mütter ihren Söhnen und Töchtern schreiben, beides.

Für beide Brieftypen gibt es große Vorbilder. Was den Erziehungsbrief betrifft, ist Ciceros Schrift »De officiis« (Über die Pflichten) wohl dasjenige von seinen Werken, das sich am nachhaltigsten auf die Kirchenväter und die Gelehrten der Renaissance bis hin zur Aufklärung auswirkte: Voltaire hat die Schrift Friedrich dem Großen nahegebracht. Ciceros letztes Werk ist zwar nicht in Briefform verfasst, aber der Autor hatte allen drei Teilen eine Einleitung vorangestellt, die sich in direkter Anrede an den in Athen studierenden Sohn Marcus wendet. Diese Kunst der Hinwendung, die rasch die Form einer Mahnrede annimmt, tritt hier an die Stelle der bei Cicero sonst gebräuchlichen Form des philosophischen Dialogs, der durch eine spezielle Fragetechnik die gewünschte Erkenntnis befördern soll.

Briefe, so lässt sich sehr allgemein sagen, haben naturgemäß dialogischen Charakter. Durch das, was Kommunikationstheoretiker den »brieftypischen Phasenverzug« nennen – die verstreichende Zeit zwischen der Absendung, dem Empfang und der Beantwortung eines Schreibens –, neigen noch die Briefe mit der größten Nähe zum Empfänger jedoch zum Monologisieren. Die Schriftstellerin Luise Rinser hat für dieses paradox anmutende, elementare Kennzeichen des Briefes einmal die Formel gefunden, er sei ein »Monolog, der ein Dialog sein will«. Doch dieses Wollen hat seine Grenzen: Zu Papier gebracht, bleibt der gewünschte Dialog rasch im Appell stecken. Man kann sich jedenfalls gut vorstellen, wie die brieflich ausgesprochenen elterlichen Ermahnungen bei ihren Adressaten ganz andere Reaktionen als die gewünschte Einsicht hervorrufen, nämlich solche, deren Spektrum vom Gähnen bis hin zu Trotz und Abwendung reichen.

Wenn es um die pädagogische Funktion von Elternbriefen so schlecht bestellt ist, sind sie dann wenigstens in der Lage, die so gern und häufig beschworenen familiären Bindungen aufrechtzuerhalten? Die Antwortet lautet ja, allerdings unter der Bedingung, dass Empathie im Spiel ist. Wobei das Hineinversetzen nur eine, die erste Funktion von Empathie ist. Die andere, genauso wichtige besteht darin, auf die Gefühle und Gedanken, die man beim anderen erkennt, auch angemessen zu reagieren – was jedoch nur dann möglich ist, wenn uns dieser spezifische Andere auch wirklich am Herzen liegt.

Auch diese zweite, empathische Form des mütterlichen Briefes hat ein großes Vorbild: die bereits im ersten Kapitel erwähnten Briefe der Madame de Sevigné an ihre Tochter. Diese hatte einen Grafen von Grignan geheiratet, der schon bald zum stellvertretenden Gouverneur der Provence ernannt wurde. Die Mutter im fernen Paris litt schmerzlich unter der Trennung und begann einen regelmäßigen Briefwechsel mit der frisch gebackenen Gräfin: *Ich will Ihnen jeden Abend schreiben, mein liebes Kind. Diese Unterhaltung ist meine größte Befriedigung. Ich stehe herum, gehe, versuche ein wenig zu lesen, was immer ich unternehme, es ist das Schreibzeug, das mir nottut. Ich muss zu Ihnen reden, und selbst wenn der Brief weder heute noch morgen weggeht, Ihnen abends über meinen Tageslauf berichten.* Zwischen den beiden Frauen bricht ein förmlicher Wettstreit darüber aus, wer von ihnen beiden mehr und intensiver an die andere denkt und ihrer Empathie plastischeren Ausdruck verleiht: *Ach, meine Beste, Sie irren sich nicht, wenn Sie glauben, ich sei noch mehr mit Ihnen beschäftigt als Sie mit mir, obwohl Sie viel an mich denken. Wenn Sie mich sähen, wüssten Sie, dass ich nur die Gesellschaft suche, mit der ich von Ihnen reden kann.*

Wie die folgenden Briefe von Müttern an ihre Kinder aber auch zeigen, ist die Fähigkeit zur Empathie selbst bei Frauen unterschiedlich ausgeprägt. Noch so harte Erziehungsmaßnahmen, strenge Verhaltensvorschriften und Ermahnungen mögen sich durch die Liebe zu den Kindern rechtfertigen lassen, durch die Absicht, die wahren Interessen der Kinder zu schützen. Ob das aber immer auch deren eigene Interessen waren und sind? Statt einer Einmischung, die Empathie mit Bevormundung verwechselt, könnte sich in solchen Fällen Distanz empfehlen – auch dies ein zentrales Thema im Buch der Mutterliebe.

Zerreißen Sie meine Briefe

Maria Theresia an Marie Antoinette

Maria Theresia von Österreich brachte sechzehn Kinder zu Welt, fünf Söhne und elf Töchter. Bei der ersten Entbindung, 1737, war sie zwanzig, bei der letzten neununddreißig Jahre alt, das bedeutet im Durchschnitt alle vierzehn Monate eine Geburt. Als Maria Antonia oder Marie Antoinette, wie sie später heißen sollte, am 2. November 1755, einen Tag nach dem schlimmen Erdbeben von Lissabon, als fünfzehntes Kind zur Welt kam, lebten noch alle zuvor geborenen Söhne und immerhin sieben von zehn Töchtern der Kaiserin.

Verursacht unter anderem durch die Pockenepidemie des Jahres 1767, die beinahe auch Maria Theresia selbst dahingerafft hätte, sollte sich diese Bilanz allerdings verschlechtern; und selbst wer wie Maria Elisabeth, die fünfte Tochter Maria Theresias, die Krankheit überlebte, stand nicht unbedingt noch dem königlichen Heiratsmarkt zur Verfügung. Denn Maria Elisabeths zuvor gerühmte Schönheit war mit den Pocken dahin, und die Pläne, sie mit dem verwitweten französischen König Ludwig XV. zu verheiraten, plötzlich Makulatur.

Das ehrgeizige Vorhaben, die gerade geschlossene Allianz mit dem einstigen Erbfeind Frankreich durch eine Heirat auf höchster Ebene zu festigen und auf diese Weise den Frieden zwischen beiden Ländern zu besiegeln, gab Maria Theresia dennoch nicht auf. 1765 war der Dauphin Ludwig Ferdinand, der Sohn Ludwigs XV., gestorben; damit wurde nun dessen überlebender Sohn Ludwig August, der Enkel Ludwigs XV., zum direkten Anwärter auf den Thron.

Statt mit der eineinhalb Jahre jüngeren Marie Antoinette hätte durchaus auch eine Verbindung mit deren älterer Schwester Maria Karolina im Bereich des Möglichen gelegen. Doch Maria Karolina war bereits an anderer Stelle eingeplant – als »Ersatzfrau« für eine Ehe mit König Ferdinand I. von Neapel-Sizilien, da wiederum die beiden dafür ursprünglich in Frage gekommenen älteren Töchter Maria Theresias, Johanna Gabriela und Maria Josepha, Opfer der Pocken geworden waren. Wohl möglich, dass die Geschichte Frankreichs und Europas in mancher Hinsicht anders verlaufen wäre, wenn statt der verspielten und von Versagensängsten nicht freien Maria Antonia die äußerst temperamentvolle und mit politischer Durchsetzungskraft begabte Maria Karolina auf den Thron Frankreichs gelangt wäre.

Denn eins steht fest: Als sich die vierzehnjährige Maria Antonia am 21. April 1770 von ihrer Mutter und ihren Geschwistern in Wien verabschiedete und mit einem Brautzug aus 57 Equipagen die lange Fahrt nach Frankreich antrat, war sie auf ihre zukünftigen Aufgaben alles andere als gut vorbereitet. Wie ihre Schwestern hatte auch sie eine Erziehung genossen, die sie vor allem dazu anleitete, in Gesellschaft und bei höfischen Anlässen eine gute Figur zu machen, selbst wenn der Stundenplan neben Tanzstunden, Theateraufführungen und Malen, Handarbeiten und Konversation auch Geschichte, Staatskunde, ein wenig Mathematik, das Erlernen von Fremdsprachen sowie Rechtschreibung beinhaltete. Besonders hervorzuheben waren an der späteren französischen Königin allerdings ihre tänzerische Begabung und ihre Liebe zur Musik, die beide zu ihrer anmutigen Ausstrahlung beitrugen. Was hingegen Lesen, Schreiben und auch Fremdsprachen anbelangte, so waren die Fähigkeiten und Kenntnisse Maria Antonias wohl eher als mangelhaft zu bezeichnen. Insbesondere fiel ihre Unfähigkeit auf, sich zu konzentrieren; ein zeitgenössischer Beobachter sprach davon, sie springe im Gespräch wie ein Grashüpfer hin und her.

So wundert es nicht, dass die Instruktionen, die Maria Theresia allen ihren Töchtern mit auf den Weg in die Fremde gab, in diesem Falle besonders ausführlich und einprägsam ausfielen. Die Verhaltensvorschrift, die sie ihr am Morgen der Abreise aushändigte, sah als erstes Gebot vor, die Lektüre dieser Anweisungen in Monatsfrist zu wiederholen – anscheinend rechnete die Mutter mit der Vergesslichkeit und Unbedachtheit ihrer Tochter. Die zweitgrößte Sorge scheint ihr die Neigung Marie Antoinettes zu auffälligem, unreflektiertem Verhalten bereitet zu haben; so schärfte sie ihr insbesondere ein, sich in Verhaltensunauffälligkeit und Selbstaufmerksamkeit zu üben.

Verhaltungsvorschrift – jeden Monat zu lesen

Den 21. April, Tag der Abreise. Beim Aufwachen werden Sie sofort nach dem Aufstehen kniend Ihr Morgengebet verrichten und etwas Religiöses lesen, und sei es nur für eine halbe Viertelstunde, noch bevor Sie sich mit etwas anderem befaßt oder mit jemand gesprochen haben. Alles hängt von dem guten Beginn des Tages und der Verfassung ab, in der man ihn beginnt, was sogar gleichgültige Handlungen gut und verdienstvoll machen kann. Das ist ein Punkt, in dem Sie sehr genau sein müssen; seine Beachtung hängt nur von Ihnen ab und kann für Ihr Glück hienieden und im Jenseits bestimmend sein. Das gilt auch von den Abendgebeten und der Erforschung des Gewissens; doch wiederhole ich nochmals, daß die Morgengebete und die kurze religiöse Lektüre am wichtigsten sind. Sie werden mir immer mitteilen, welches Buch Sie zur Hand haben. Sie werden sich während des Tages so oft als möglich frommen Gedanken hingeben, besonders aber während der heiligen Messe. Ich hoffe, daß Sie sie jeden Tag mit Erbauung hören werden, und an Sonn- und Feiertagen sogar zweimal, sofern es an Ihrem Hofe Brauch ist. Wie sehr ich auch wünsche, daß Sie sich mit Gebet und guter Lektüre befassen, so wenig möchte ich, daß Sie etwas anderes einzuführen oder zu tun versuchen, als was in Frankreich Sitte ist; Sie sollen nichts Besonderes beanspruchen, weder anführen, was hier gebräuchlich ist, noch verlangen, daß man es na chahme; Sie sollen sich im Gegenteil unbedingt dem anpassen, was der Hof zu tun gewohnt ist.

Laxembourg ce 8 de maij

Madame ma chere fille. je vous ai ecrite le 5
par la poste vous faisant bien mon complimens
sur l'arrivée dans votre royaume et aupres
de votre cher Epoux je souhaite que celleci vous
trouve plus epouse mais sa femme et alors.
vous auroit accompli parfaitement tout
votre penible voijage et le dificile de ce nou
veau etat. que Dieu vous accorde si heureux
et si benit qu'etoit le mien vous avez tout
pour rendre heureux un epoux c'est donc as
feur votre unique but de lui plaire de lui
etre utile de l'amuser de l'attacher a vous
et de n'avoir d'autre pensé et objet que lui
vous avez un parfai … l devant vos yeux
c'est votre belle …
d'impatience …humeur point
voila les seules …rs douce
vous gagner … nous pou
tendresse de … e et la
nous rendre le … peuvent
…de … le peut

Im Alter von vierzehn Jahren wurde Marie Antoinette mit dem späteren König Ludwig XVI. verheiratet. Gefeiert wurde mit großem Pomp auf Schloss Versailles.

... In Frankreich ist man in den Kirchen und stets in der Öffentlichkeit sehr religiös; es gibt dort keine Gebetstühle wie bei uns, die zu bequem und oft Anlaß zu nachlässiger Haltung sind und Zwiegespräche erleichtern, was in Frankreich viel Ärgernis erregen würde. Solange Sie können, bleiben Sie auf den Knien; das wird die passendste Haltung sein, um als Beispiel zu dienen. ... Lesen Sie kein Buch, selbst ein gleichgültiges nicht, ohne vorher von Ihrem Beichtvater die Zustimmung erlangt zu haben: das ist ein in Frankreich um so wichtigerer Umstand, weil man dort ununterbrochen Bücher voll Unterhaltung und Wissen verkauft, unter denen es jedoch unter diesem achtungsvollen Schein solche gibt, die für die Religion und die Sitten sehr schädlich sind. Ich beschwöre Sie also, meine Tochter, ohne Zustimmung Ihres Beichtvaters kein Buch und auch keine Broschüre zu lesen. Ich fordere von Ihnen, meine teuere Tochter, dieses echteste Zeichen Ihrer Liebe und Ihres Gehorsams gegenüber den Ratschlägen einer guten Mutter, die nur Ihr Heil und Glück im Auge hat. Vergessen Sie niemals den Todestag Ihres seligen teueren Vaters und den meinen zu seiner Zeit: bis dahin können Sie an meinem Geburtstag für mich beten. ...

Besondere Verhaltungsvorschrift

Übernehmen Sie keine Empfehlung. Hören Sie auf niemanden, wenn Sie in Ruhe leben wollen. Seien Sie nicht neugierig; das ist ein Punkt, den ich besonders bei Ihnen befürchte. Vermeiden Sie jede Art von Vertraulichkeit mit kleinen Leuten. Fragen Sie in allen Fällen Herrn und Frau von Noailles, und verlangen Sie es sogar, was Sie tun sollen, da Sie Ausländerin sind und der Nation unbedingt gefallen wollen; verlangen Sie, daß sie Ihnen aufrichtig sagen, ob es irgend etwas in Ihrem Benehmen, in Ihren Reden oder in anderen Punkten zu korrigieren gibt. Antworten Sie jedermann freundlich, mit Anmut und Würde: wenn Sie wollen, vermögen Sie es. Man muß auch abzuschlagen verstehen. ... Sie können mir auch durch die Post schreiben, aber nur über unbedeutende Dinge, die jedermann wissen kann. Ich glaube nicht, daß Sie Ihrer Familie schreiben sollten, besondere Anlässe und den Kaiser ausgenommen, mit dem Sie sich über diesen Punkt einigen werden. ... Zerreißen Sie meine Briefe, was mir ermöglichen wird, Ihnen offener zu schreiben; ich werde dasselbe mit Ihren Briefen tun. Erwähnen Sie nichts über die hiesigen häuslichen Angelegenheiten; sie bestehen nur aus wenig interessanten und langweiligen Tatsachen. Über Ihre Familie sollen Sie wahrheitsgemäß und mit Zurückhaltung sprechen: trotzdem ich mit ihr oft nicht ganz zufrieden bin, werden Sie vielleicht finden, daß es anderswo noch schlimmer ist, daß es nicht nur hier Kindereien und Eifersüchteleien um Nichtigkeiten gibt, sondern daß sie anderwärts noch mehr zum Vorschein kommen. …

Jeweils am Monatsbeginn brachen die kaiserlichen Kuriere in Wien auf, reisten zuerst nach Brüssel, der damaligen Hauptstadt der österreichischen Niederlande, und trafen ungefähr zehn Tage später in Paris ein, stets auch einen Erziehungsbrief Maria Theresias an ihre Tochter im Gepäck, der dieser von Mercy persönlich ausgehändigt wurde. Die Kaiserin diktierte diese Briefe einem Sekretär, fügte anschließend aber noch Randbemerkungen hinzu, die dieser nicht zu Gesicht bekam. Durch die Berichte Mercys war sie stets über alles im Bilde; diese unheimliche Allwissenheit ihrer Mutter, die an ihrer Tochter selten ein gutes Haar ließ und sie förmlich mit Vorhaltungen und Ermahnungen überschüttete, dürfte nicht gerade deren Selbstbewusstsein gestärkt, wohl aber Trotz und Unwillen provoziert haben.

Da die österreichischen Postboten, wollten sie am Monatsende in Wien zurück sein, sich schon bald nach ihrer Ankunft in Paris wieder aufmachen mussten, blieb Marie Antoinette jedes Mal nur wenig Zeit, das von ihr erwartete Antwortschreiben an ihre Mutter aufzusetzen. Der größte Hinderungsgrund neben ihrer Schreibunlust war dabei der Umstand, dass ihr am französischen Hof kaum Gelegenheit blieb, etwas unbeobachtet zu tun, weil alle, auch die privatesten Dinge, in aller Öffentlichkeit geschahen. Die zahlreichen Tintenkleckse auf den Schreiben der Tochter dürften daher nicht nur ihrer Unachtsamkeit, sondern auch der Zeitnot geschuldet sein, unter der sie diese geheime, aber ungeliebte Korrespondenz erledigen musste.

Gedenke Deiner Mutter

Madame Roland aus dem Kerker an ihre Tochter Eudora

Die gebürtige Manon Jeanne Philipon hatte fünfundzwanzigjährig den mehr als zwanzig Jahre älteren späteren französischen Innenminister Jean-Marie Roland de la Platière geheiratet. Madame Roland war eine Intellektuelle, eine glühende Anhängerin Rousseaus, die zudem mit den Schriftstellern der Antike vertraut war. Ihr Salon war ein zentraler Treffpunkt der Girondisten gewesen, die im Jakobinerklub das in der Provinz (und nicht in Paris) ansässige Großbürgertum repräsentierten und von der Revolution, deren Dynamik sie maßgeblich mit entfesselt hatten, schließlich hinweggefegt wurden. Berühmt und bis auf den heutigen Tag lesenswert sind die Memoiren der Madame Roland, die sie während ihrer fünf Monate Kerkerhaft in der Conciergerie bereits in der Gewissheit ihrer Hinrichtung schrieb.

Noch im Gefängnis hatte Madame Roland als entschiedene Gegnerin der Monarchie sich jeden Vergleich mit Marie Antoinette verbeten und die einstige Königin in einem Brief an Robespierre, den sie allerdings nicht abschickte, als *hochmütige und leichtfertige Frau* bezeichnet, die das revolutionäre Prinzip der Gleichheit zutiefst verabscheute. Doch nicht erst die Nachwelt, sondern schon die Zeitgenossen begannen die beiden so unterschiedlichen Frauen in einem Atemzug zu nennen, insbesondere dort, wo es darum zu tun war, den revolutionären Terror zu rechtfertigen und zugleich die Frauen in ihre Schranken zu weisen. So schrieb der »Moniteur«, das Sprachrohr der Revolution, wenige Tage nach der Hinrichtung Madame Rolands: »Zwar war sie Mutter, aber sie hatte die Natur geopfert, um sich über sie zu stellen; der Wunsch nach Gelehrsamkeit brachte sie dazu, die Tugenden ihres Geschlechts zu vergessen, und dieses Vergessen, das immer gefährlich ist, führte sie schließlich aufs Schafott.«

Die Botschaft konnte deutlicher kaum sein: Frauen, die sich über ihre natürliche Bestimmung erheben, Kinder zur Welt zu bringen und großzuziehen, die sich Gelehrsamkeit und gar öffentliche Positionen aneignen, gehören geköpft. Oder auf die unüberhörbare Drohgebärde abgestellt: Bürgerinnen, die Ihr unzufrieden seid mit Euren beschränkten Lebensmöglichkeiten, blickt auf das abschreckende Beispiel von Marie Antoinette, Olympe de Gouges und Madame Roland: So geschieht es derjenigen, die mehr will, als die Natur ihr zugedacht hat, und es geschieht ihr recht. Und das war keineswegs die Einzelmeinung eines Journals; es war die »Mehrheitsmeinung« derjenigen, die die Revolution vorantrieben. Als die Schauspielerin Rose Lacombe, Präsidentin der Gesellschaft republikanischer und revolutionärer Frauen, sich im Jahr 1793 mit einer Abordnung von Frauen den Zutritt zur Pariser Gemeindeverwaltung erzwingen wollte, ergriff deren Sekretär Pierre Gaspard Chaumette, auf den die Errichtung des Revolutionstribunals zurückging, das Wort: »Seit wann dürfen Frauen ihrem Geschlecht abschwören und sich zu Männern machen?«, rief er. »Die Natur hat der Frau gesagt: Sei Frau. Die Versorgung der Kinder, die Haushaltsführung, die vielfältigen Sorgen der Mutterschaft, das sind deine Aufgaben.«

Die Ansicht, dass sich die vielfältigen Sorgen der Mutterschaft und ein engagiertes Berufs- oder Bürgerleben keineswegs ausschließen, ist noch nicht sehr lange eine gesellschaftlich mehrheitsfähige Meinung. Doch es waren nicht nur Frauenverächter, die seinerzeit eine untergründige Verwandtschaft der zur Guillotine verurteilten Frauen gespürt haben. So hat etwa die junge Germaine de Staël in ihrem im August 1793 formulierten glühenden Aufruf zur Verteidigung Marie Antoinettes argumentiert, dass die gegen die einstige Königin erhobenen Anschuldigungen nur gegen sie als Frau und Mutter (und zudem als Ausländerin) gerichtet waren. Ihre Schrift ist ein Manifest der Empathie gegen Brutalität und Systemdenken: »Oh, Ihr Frauen aller Länder, aller Stände hört mich mit der gleichen Ergriffenheit, die mich erfasst hat; das Schicksal von Marie Antoinette umfasst alles, was Euer Herz berühren kann: ... wenn Ihr empfinden könnt, wenn Ihr Mütter seid, sie hat mit ganzer Seele geliebt.«

In diesen und anderen Texten der Revolution bekommt die Mutterliebe zum ersten Mal so etwas wie eine eigene Stimme. Jules Michelet, der bedeutendste französische Historiker des 19. Jahrhunderts, ist sogar so weit gegangen, in ihr den Ursprung wie das Ende der Französischen Revolution zu sehen. Und so ist es wohl auch kein Zufall, dass am Ende des Weges von Madame Roland ein Brief an ihre Tochter stand, der ein großes Zeugnis der Mutterliebe ist: sowohl in der Weise, wie er um das Wohlbefinden der geliebten Tochter besorgt ist, als auch in dem Wunsch, die Erinnerung an die Mutter zu bewahren. Es ist ein Abschiedsbrief einer Mutter an ihr Kind, wie er liebevoller kaum denkbar ist; er lässt ihr alle Freiheit, ein Leben zu

Im Salon der Rolands trafen sich vor allem jene, die die demokratischen Ziele der Revolution unterstützten.

führen, wie es ihren Wünschen und Möglichkeiten entspricht, und formuliert als einzigen Anspruch, derer zu Gedenken, die sie zur Welt gebracht, genährt und geherzt hat.

An meine Tochter

Sainte-Pélagie, den 8. Oktober 1793

Ich weiß nicht, meine kleine Freundin, ob es mir noch vergönnt ist, Dich zu sehen oder Dir zu schreiben. Gedenke Deiner Mutter. Diese drei Worte sind das Beste, was ich Dir sagen kann. Du hast mich in der Sorge, meine Pflicht zu tun und den Leidenden nützlich zu sein, glücklich gesehen. Das ist die einzige Art, es zu sein.

Du hast mich im Unglück und in der Gefangenschaft friedfertig gesehen, weil ich nichts zu bereuen hatte und weil ich die Erinnerung und Freude besaß, wie sie gute Taten hinterlassen. Es gibt wiederum nur diese Mittel, die Übel des Lebens und die Wechselfälle des Schicksals zu ertragen.

Vielleicht, ich hoffe es, bleiben Dir ähnliche Prüfungen erspart wie Deiner Mutter; aber es gibt andere, in denen Du Dich nicht weniger wirst wehren müssen. Ein strenges, arbeitsames Leben ist der beste Schutz gegen alle Gefahren, und Notwendigkeit wie Klugheit gebieten Dir, ernsthaft zu arbeiten. Sei Deiner Eltern würdig; Sie hinterlassen Dir große Beispiele, und wenn Du sie zu nutzen verstehst, wirst Du kein sinnloses Leben führen.

Leb wohl, mein geliebtes Kind, das ich mit meiner Milch genährt habe und das ich mit all meinem Empfinden erfüllen wollte. Die Zeit wird kommen, wo Du wirst beurteilen können, wie groß meine Mühe in diesem Ausgenblick ist, mich nicht in Gedanken an Dich völlig gehen zu lassen.

Ich drücke Dich an mein Herz.

Leb wohl, meine Eudora!

Wir beide sind ZWEI

Johanna an Arthur Schopenhauer

Der Briefwechsel der Familie Schopenhauer – Vater, Mutter, Sohn und Tochter – ist ein biographisch, psychologisch und kulturgeschichtlich bemerkenswertes Dokument, das in der deutschen Literatur seinesgleichen sucht. Erhalten sind insgesamt 214 Briefe bzw. Briefteile aus den Jahren 1799 bis 1809, wobei die meisten aus der Feder der beiden Damen stammen: 96 von Mutter Johanna und 89 von Tochter Adele, lediglich 18 von Sohn Arthur und sogar nur 11 von Vater Heinrich Floris Schopenhauer. Die Gründe dafür sind rasch genannt: 1805, Arthur ist gerade siebzehn, Adele sieben Jahre alt, beendet ein Sturz aus dem Speicher seines Geschäftshauses in den Kanal das Leben des ehemaligen Danziger und mittlerweile Hamburger Kaufmanns Heinrich Floris Schopenhauer. Der Vater liebte die englische Lebensart, doch es plagten ihn – begleitet von einem labilen Gemütszustand – Geschäftssorgen; so war das Unglück wahrscheinlich Selbstmord. Die Ausdünnung des ursprünglich viel umfangreicheren Briefanteils des Sohnes und späteren Philosophen Arthur Schopenhauer auf gerade einmal 18, zum Teil nur fragmentarisch überlieferte Stücke geht hingegen auf das Konto der Schwester: Da spielten Kämpfe um das väterliche Erbteil eine Rolle, die sich noch verschärften, als das Danziger Bankhaus, bei dem Mutter und Schwester ihr gesamtes, der Sohn hingegen nur einen Teil seines Vermögens deponiert hatten, bankrott ging; noch schwerer aber mag das Gefühl bei Adele gewogen haben, zu einem unglücklichen Leben verurteilt gewesen zu sein, woran sie ihrem Bruder erhebliche Schuld gab.

Nach dem Tod von Heinrich Floris verließ die um zwanzig Jahre jüngere Witwe Johanna Schopenhauer mit Adele im Schlepptau alsbald Hamburg und siedelte nach Weimar über. Sie habe *zwischen zwei Wegen ... den anscheinend wunderbarſten* gewählt, schrieb sie im Rückblick, *indem ich ſtatt nach meiner Vaterſtadt zu Freunden und Verwandten zu ziehen, wie faſt jede Frau an meiner Stelle getan haben würde, das mir faſt ganz fremde Weimar wählte.* Arthur hingegen blieb in Hamburg, wohin er gerade erst zurückgekehrt war. Statt ihn aufs Gymnasium zu schicken, wie es der Wunsch des begabten Sohnes gewesen war, hatte der Vater dem Fünfzehnjährigen seinerzeit eine Bildungs- und Vergnügungsreise durch halb Europa finanziert, ihm dafür aber das Versprechen abgenommen, nach seiner Rückkunft eine Ausbildung zum Kaufmann zu machen.

Seine Mutter hingegen, die bereits in Hamburg ein geselliges Leben geführt hatte, reüssierte derweil im »deutschen Athen«, wie sie die aristokratisch geprägte Kleinstadt Weimar nannte. Und Johannas zwangloser »Teetisch«, den sie bald jeden Donnerstag und Sonntag abhielt, wurde rasch, wie sie selbstsicher vorausgesehen hatte, zu einem beliebten Treffpunkt der führenden Köpfe. An die Stelle der einst engen Familienbande, aus denen sich die angehende Schriftstellerin löste, traten auf diese Weise andere gesellige und freundschaftliche Bindungen. Entscheidenden Anteil daran hatte nicht zuletzt ein Mann, der der Witwe grenzenlose Bewunderung abnötigte: der damals siebenundfünzigjährige (und nicht fünzigjährige, wie Johanna schreibt) Geheimrat Goethe, der gerade seine Beziehung mit Christiane Vulpius legalisiert hatte und einen vorurteilsfreien Zirkel suchte, in dem Christiane akzeptiert wurde und er selbst, sofern anwesend, im Mittelpunkt stand. In einem Brief an ihren »lieben Freund

Arthur« im fernen Hamburg zeichnete Johanna Schopenhauer ein Porträt des Zentralgestirns ihres gesellschaftlichen Weimarer Lebens:

Weimar, d. 28ten Nov. 1806

Dein Brief, lieber Freund Arthur, kam ein paar Tage später als gewöhnlich, doch das liegt wohl nicht an Dir, sondern an den Umständen, unter welchen er abgeschickt ward.

Die Nachricht von der Einnahme Hamburgs überraschte mich, obgleich wir hier längst etwas dergleichen ahndeten. Ich hoffe, sie wird keinen dauernden Einfluß auf das Schicksal der Stadt haben, sondern das Gewitter wird sich mit goldnen Ableitern abwenden lassen.

Ich lebe hier immer sehr häuslich und sehr froh, Goethe war Sonntag und gestern abend bei mir. Der Zirkel, der sich sonntags und donnerstags um mich versammelt, hat wohl in Deutschland und nirgends seinesgleichen.

Könnte ich Dich nur einmal herzaubern! Goethe fühlt sich wohl bei mir und kommt recht oft. Ich habe einen eigenen Tisch mit Zeichenmaterialien für ihn in eine Ecke gestellt. ... Wenn er dann Lust hat, so setzt er sich hin und tuscht aus dem Kopfe kleine Landschaften, leicht hingeworfen, nur skizziert, aber lebend und wahr wie er selbst und alles, was er macht.

Welch ein Wesen ist dieser Goethe! Wie groß und wie gut. Da ich nie weiß, ob er kommt, so erschrecke ich jedes Mal, wenn er ins Zimmer tritt. Es ist, als ob er eine höhere Natur als alle übrigen wäre, denn ich sehe deutlich, daß er denselben Eindruck auf alle übrigen macht, die ihn doch seit länger kennen. ... Er selbst ist immer ein wenig stumm und auf eine Art verlegen, wenn er kommt, bis er die Gesellschaft recht angesehen hat, um zu wissen, wer da ist. Er setzt sich dann immer dicht neben mir, etwas zurück, so daß er sich auf die Lehne von meinem Stuhl stützen kann. Ich fange dann zuerst ein Gespräch mit ihm an, dann wird er lebendig und unbeschreiblich liebenswürdig. Es ist das vollkommenste Wesen, das ich kenne, auch im Äußern. Eine hohe, schöne Gestalt, die sich sehr geradehält, sehr sorgfältig gekleidet, immer schwarz oder ganz dunkelblau, die Haare recht geschmackvoll frisiert und gepudert, wie es seinem Alter ziemt, und ein gar prächtiges Gesicht mit zwei klaren, braunen Augen, die mild und durchdringend zugleich sind. Wenn er spricht, verschönert er sich unglaublich, ich kann ihn dann nicht genug ansehen. Er ist jetzt etwa fünfzig Jahre alt.

Was muß er früher gewesen sein. Er spricht von allem mit, erzählt immer zwischendurch kleine Anekdoten, drückt niemanden durch seine Größe, er ist anspruchslos wie ein Kind. Es ist unmöglich, nicht Zutrauen zu ihm zu fassen, wenn er mit einem spricht, und doch imponiert er allen, ohne es zu wollen. Letztens trug ich ihm seine Tasse Tee zu, wie das in Hamburg gebräuchlich ist, damit sie nicht kalt würde, und er küßte mir die Hand. In meinem Leben habe ich mich nicht so beschämt gefühlt, auch alle, die in der Nähe waren, sahen mit einer Art Erstaunen zu. Es ist wahr, er sieht so königlich aus, daß bei ihm die gemeinste Höflichkeit wie Herablassung erscheint, und er selbst scheint das gar nicht zu wissen, sondern geht so hin in seiner stillen Herrlichkeit wie die Sonne ...

Adieu, lieber Arthur, ich könnte Dir viel noch schreiben, aber es fehlt mir an Zeit. Lebe recht wohl, erhalte Dich bei gutem Mut. Es wird Dir auch einst wohlgehen, nur muß man säen, um zu ernten, und dann die Zeit abwarten, wie ich auch getan habe. Du weißt, wie verschieden meine schönsten Jahre von meiner jetzigen Zeit waren ...

Deine Mutter
J. Schopenhauer

In Hamburg hatte Johanna Schopenhauer mit der Welt ihres Mannes auch die ihres Sohnes zurückgelassen, dessen Hang zu schwermütigen Grübeleien sie als trauriges Erbteil Heinrichs betrachtete. So war sie mehr entgeistert als erfreut, als dieser eine Übersiedlung nach Weimar ins Auge fasste. Nachdem sie ihm wegen einer Verfehlung gehörig die Leviten gelesen hatte, entschloss sie sich, zunächst auf Zeit zu spielen: *Ich will indessen für Dein Bestes sorgen, ich finde gewiß etwas aus, welches Dir gut tut, ich habe ja noch immer Rat gefunden, nur muß ich um nichts Übereiltes zu tun, mir Zeit lassen. Daher musst Du lieber noch einige Tage länger in Deinem Fegefeuer bleiben ... Zwar*

Arthur Schopenhauers schwieriges Verhältnis zu seiner Mutter prägte seine Beziehung zu Frauen.

ließ sie dem Sohn die Wahl, legte ihm aber nahe, wenigstens ins acht Meilen entfernte Altenburg zu ziehen, wo die Verhältnisse für seine Bedürfnisse wesentlich zweckmäßiger seien. Wir haben es hier mit dem seltenen Fall einer Mutter zu tun, die gegenüber ihrem Sohn nicht auf Symbiose, sondern auf Distanz setzt. Der Grund dafür lag sicherlich in ihrem Freiheitswillen, mit dem sich die mittlerweile über Vierzigjährige die Voraussetzungen dafür schaffte, in den nächsten Jahren eine der produktivsten, erfolgreichsten und vor allem eine der wenigen professionellen Schriftstellerinnen Deutschlands zu werden. Hinzu kam eine gehörige Portion Menschenkenntnis. Ihr war klar, dass sie und Arthur am besten miteinander auskamen, wenn sie sich häufig aus dem Wege gingen und ihr Miteinander genau regelten. Als sie merkte, dass er in seinem Entschluss, nach Weimar zu kommen, nicht umzustimmen war, versuchte sie ihm dies in einem bewundernswert offenen Brief deutlich zu machen:

Weimar, Römisches Haus im Park an der Ilm (1791–1797 erbaut nach Entwurf von J.W. v. Goethe für Herzog Carl August). Kolorierter Stich nach Zeichnung, 1799, von Georg Melchior Kraus.

Weimar, d. 13 Decr. 1807

Nun zu Deinem Verhältnisse hier gegen mich, und da dünkt mir es am besten, ich sage Dir gleich ohne Umschweife, was ich wünsche und wie es mir ums Herz ist, damit wir einander gleich verstehen. Daß ich Dich recht lieb habe, daran zweifelst Du nicht, ich habe es Dir bewiesen, solange ich lebe. Es ist zu meinem Glücke notwendig zu wissen, daß Du glücklich bist, aber nicht ein Zeuge davon zu sein. Ich habe Dir immer gesagt, es wäre sehr schwer, mit Dir zu leben, und je näher ich Dich betrachte, desto mehr scheint diese Schwierigkeit, für mich wenigstens, zuzunehmen. Ich verhehle es Dir nicht: solange Du bist wie Du bist, würde ich jedes Opfer eher bringen, als mich dazu entschließen. Ich verkenne Dein Gutes nicht, auch liegt das, was mich von Dir zurückscheucht, nicht in Deinem Gemüt, nicht in Deinem innern, aber in Deinem äußern Wesen, Deinen Ansichten, Deinen Urteilen, Deinen Gewohnheiten – kurz, ich kann mit Dir in nichts, was die Außenwelt angeht, übereinstimmen. Auch Dein Mißmut ist mir drückend und verstimmt meinen heitern Humor, ohne daß es Dir etwas hilft. Sieh, lieber Arthur, Du bist nur auf Tage bei mir zum Besuch gewesen, und jedesmal gab es heftige Szenen um nichts und wieder nichts, und jedesmal atmete ich erst frei, wenn Du weg warst, weil Deine Gegenwart, Deine Klagen über unvermeidliche Dinge, Deine finstern Gesichter, Deine bizarren Urteile, die wie Orakelsprüche von Dir ausgesprochen werden, ohne daß man etwas dagegen einwenden dürfte, mich drückten, und mehr noch der ewige Kampf in meinem Innern, mit dem ich alles, was ich dagegen einwenden möchte, gewaltsam niederdrückte, um nur nicht zu neuem Streit Anlaß zu geben. Ich lebe jetzt sehr ruhig, seit Jahr und Tag habe ich keinen unangenehmen Augenblick gehabt, den ich Dir nicht zu danken hätte. Ich bin still für mich, niemand widerspricht mir, ich widerspreche niemandem, kein lautes Wort hört man in meinem Haushalt, alles geht seinen einförmigen Gang, ich gehe den meinen, nirgends merkt man, wer befiehlt und wer gehorcht, jeder tut das Seine in Ruhe, und das Leben gleitet hin, ich weiß nicht wie. Dies ist mein eigentliches Dasein und so muß es bleiben, wenn Dir die Ruhe und das Glück meiner noch übrigen Jahre lieb ist. Wenn Du älter wirst, lieber Arthur, und manches heller siehst, werden wir auch besser zueinander stimmen, und vielleicht verlebe ich dann meine besten Tage in Deinem Hause mit Deinen Kin-

dern, wie es sich für eine alte Großmutter gehört. Bis dahin laß uns streben, daß die tausend kleinen Neckereien nicht unsere Gemüter erbittern und die Liebe daraus verjagen. Dazu gehört, daß wir wenig miteinander sind; denn obgleich wir bei jedem wichtigen Anlaß bald eins sind, so sind wir bei jedem andern desto uneiniger. Höre also, auf welchem Fuß ich mit Dir sein will. Du bist in Deinem Logis zu Hause; in meinem bist Du ein Gast, wie ich es etwa nach meiner Verheiratung im Hause meiner Eltern war, ein willkommener, lieber Gast, der immer freundlich empfangen wird, sich aber in keine häusliche Einrichtung mischt. Um diese bekümmerst Du Dich gar nicht – – ich dulde keine Einrede, weil es mich verdrießlich macht und nichts hilft – – an meinen Gesellschaftstagen kannst Du abends bei mir essen, wenn Du Dich dabei des leidigen Disputierens, das mich auch verdrießlich macht, wie auch alles Lamentierens über die dumme Welt und das menschliche Elend enthalten willst, weil mir das immer eine schlechte Nacht und üble Träume macht und ich gern gut schlafe …

Je nachdem, auf wessen Seite der jeweilige Biograf stand, wurde dieses Pochen auf Distanz seitens der Mutter ihr als Oberflächlichkeit und Herzenskälte, dem Sohn der scharfsinnige Eigensinn und sein Drang zu finanzieller Eigenständigkeit, um ein selbstbestimmtes Leben als Philosoph führen zu können, als Härte und Grausamkeit angelastet. Dabei hatten Mutter wie Sohn schon selbst eine Formel dafür gefunden, wie ihr kompliziertes Verhältnis zu verstehen sei, ohne den Selbstbehauptungswillen des einen gegen den des anderen aufrechnen zu müssen. *Wir beide sind ZWEI*, hat Arthur geschrieben, und Johanna hat diese Formel mehrfach aufgegriffen. Dieses Beziehungsmotto liest sich geradezu als zeitlos gültige Empfehlung zur Vermeidung anhaltender Unmündigkeit von Kindern und als Votum für deren eigenständige Entwicklung.

Martha Jane Cannary Burke, genannt Calamity Jane, im Jahr 1895.

Vererbte Briefe

Calamity Jane, im Wilden Westen unterwegs, schreibt an ihre Tochter

Wenn es etwas gibt, was die Welt hasst, so ist es eine Frau, die sich selbst um ihre Angelegenheiten kümmert«, meinte Martha Jane Cannary, genannt Calamity Jane, was so viel heißt, wie Unglücks- oder Elends-Jane. Und in Kalamitäten steckte diese Frau weiß Gott oft genug. Bereits mit fünfzehn war die Älteste von insgesamt fünf oder sechs Geschwistern – die Überlieferungen widersprechen sich in diesem, und nicht nur in diesem Punkt – Vollwaise geworden. Ihre Mutter starb auf einem Treck von Princeton in Missouri über Virginia City in Montana nach Salt Lake City in Utah. Das sind etwa 2500 Kilometer, und die Pioniersfamilie war dafür monatelang unterwegs. Kaum am Ort der Sehnsucht angelangt, legte sich auch der Vater, ein Prediger, zum Sterben nieder.

Schon bald darauf tauchte an unterschiedlichen Orten im Westen eine junge Frau in Männerkleidern auf der Suche nach Gelegenheitsarbeiten auf. Sie ließ sich als Schienenlegerin anheuern, arbeitete als Postkutschenfahrerin, Saloondame und Goldgräberin, später auch als Scout für die Armee. Dazu muss man wissen, dass noch 1877 in Cheynne, Wyoming, eine junge Frau zu einer Geldbuße verurteilt wurde, weil sie Männerkleider auf der Straße trug. Kein Wunder also, dass Martha Jane Cannary als Frau, die im Wilden Westen ihren Mann stand und auch von der Schusswaffe Gebrauch zu machen wusste, bald zu einer lebenden Legende wurde.

»Ich bete zu Gott, dass ich alles eines Tages an Deinem Vater und Dir wiedergutmachen kann.«

Ob sie wirklich mit dem berüchtigten Revolverhelden James Butler Hickok, genannt »Wild Bill«, verheiratet und er der Vater der wohl 1873 zur Welt gekommenen Tochter Jane war, ist bis heute ungeklärt. Calamity Jane jedenfalls hat das so gesehen, aber an anderer Stelle auch eingeräumt, dass sie hinsichtlich ihrer Biografie zwischen Dichtung und Wahrheit selten genau unterschied: *Ein Mann namens Mulog*, schrieb sie später ihrer Tochter, *hat mich über meine Lebensgeschichte ausgefragt, und du hättest die Lügen, die ich ihm auftischte, hören sollen.*

Fest steht indessen, dass sie die Tochter im Alter von ungefähr einem Jahr zwei Reisenden aus dem Osten, Jim und Helen O'Neil, anvertraute, die sie wie ihr eigenes Kind aufzogen. 1876 wurde Wild Bill beim Pokerspiel hinterrücks erschossen. Im selben Jahr handelte sich Kalamitäten-Jane zunehmend den Ruf einer Trinkerin ein. Das wird sich, als sie sich 1881 als Wirtin versuchte, vermutlich nicht geändert haben. Schon bald aber gab sie die Sesshaftigkeit wieder auf; sie war dafür wohl nicht geschaffen. Einige Jahre später heiratete sie einen Texaner namens Clinton Burke und zog mit ihm nach Boulder, wo sie sich abermals als Wirtin versuchte.

Da war aus dem Wilden Westen bereits Geschichte geworden, deren Höhepunkte in großen und kleinen Shows vermarktet wurden. Auf in- und später auch ausländischen Tourneen wurden so noch einmal die alten Legenden lebendig – nicht selten unter Mitwirkung der einstigen Helden, sofern sie nicht vorher umgekommen waren und nun von Schauspielern gemimt wurden. Auch diese Phase erlebte Calamity Jane noch aktiv als Reiterin und Kunstschützin mit. 1903 starb sie im Alter von einundfünfzig Jahren, verarmt und vereinsamt, in einem kleinen Hotelzimmer. Unter ihren Habseligkeiten fand sich ein Bündel Briefe an ihre Tochter, die im Abstand von mehreren Monaten, manchmal auch Jahren geschrieben, aber niemals abgeschickt worden waren. Darin hatte die Mutter versucht, der Tochter ihre Lebensweise und ihren Charakter nahezubringen. Doch es sollten noch einige weitere Jahre vergehen, bis sich der Adoptivvater schließlich dazu durchrang, der mittlerweile in England lebenden Tochter Jean Irene »Janey« ihr Erbe auszuhändigen und sie auf diese Weise über ihre wahre Herkunft aufzuklären. Den im Folgenden wiedergegebenen Brief hatte Calamity Jane wohl als ersten geschrieben.

25. September 77
Deadwood, Territorium Dakota
Mein Liebes –

Dies ist nicht als Tagebuch gedacht, und es kann sogar passieren, dass Du es nie bekommst, aber ich freue mich bei dem Gedanken, dass Du es vielleicht eines Tages liest, Seite für Seite, wenn ich nicht mehr bin. Ich würde Dich gerne lachen hören, wenn du diese Bilder von mir anschaust. Ich bin allein in meiner Hütte heute Nacht und müde. Gestern bin ich

60 Meilen zur Post geritten und heute Abend zurückgekommen. Du hast heute Geburtstag und wirst vier Jahre alt. Siehst Du, Dein Daddy Jim hat mir versprochen, jedes Jahr an Deinem Geburtstag einen Brief zu schicken. Und wie war ich glücklich von ihm zu hören. Er schickte mir ein winziges Bild von dir – Du bist ja völlig die Mutter, ganz wie ich in Deinem Alter war. Während ich dies kleine Bild heute Nacht betrachte, muß ich innehalten, um Dich zu küssen, und mit der Erinnerung kommen die Tränen und ich bete zu Gott, dass ich alles eines Tages irgendwie an Deinem Vater und Dir wiedergutmachen kann. Heute Morgen habe ich das Grab von Deinem Vater in Igleside besucht. Man redet davon, seinen Sarg zum Friedhof von Mount Moriah in Deadwood zu verlegen. Ein Jahr und paar Wochen sind vergangen, seit sie ihn umgebracht haben, aber mir kommt es wie hundert Jahre vor – ohne einen von Euch erscheinen mir die kommenden Jahre wie ein einsamer Weg.

Morgen gehe ich hinunter ins Yellowstone Valley, nur aus Abenteuerlust und wegen der Aufregung.

Die O'Neils haben Deinen Namen in Jean Irene geändert, aber ich nenne Dich Janey, nach Jane.

Jane an ihre Tochter, Billings, 30. Mai [1882?]

Es gibt wirklich nichts Schöneres auf der Welt, als der Glaube eines Kindes, wenn es jemanden liebt. Als Du Dein Abendgebet sprachst, fügtest Du hinzu: »Gott segne Jane Hickok und diesen Mann, der von hinten überfallen wurde. Segne ihn, weil Jane ihn liebte.« Ich fragte mich, woher Du wußtest, daß ich ihn liebte. (...) Gute Nacht kleines Mädchen. Gott schütze Dich vor allem Übel.

Harre aus und sei tapfer

Marina Zwetajewa an ihre Tochter im Arbeitslager

Marina Zwetajewa (1892–1941) ist die neben Anna Achmatowa berühmteste russische Schriftstellerin des 20. Jahrhunderts. Beiden Dichterinnen zwang das »Zeitalter der Extreme«, wie der Historiker Eric Hobsbawm das letzte Jahrhundert genannt hat, ein unstetes, zerrissenes Leben auf, das sich in den Gedichten Marina Zwetajewas ungleich direkter und unmittelbarer als in denen von Anna Achmatowa widerspiegelt.

Bereits im Alter von achtzehn Jahren heiratete die Tochter des Gründers des Puschkin-Museums, die an der Sorbonne Literatur studiert hatte, den nur ein Jahr älteren Offizierskadetten Sergej Efron. Das Paar lebte auf der Krim.

Marina Zwetajewa gehörte zu den bedeutendsten russischen Dichterinnen. In ihrem Leben spiegelt sich der Wahnsinn des 20. Jahrhunderts.

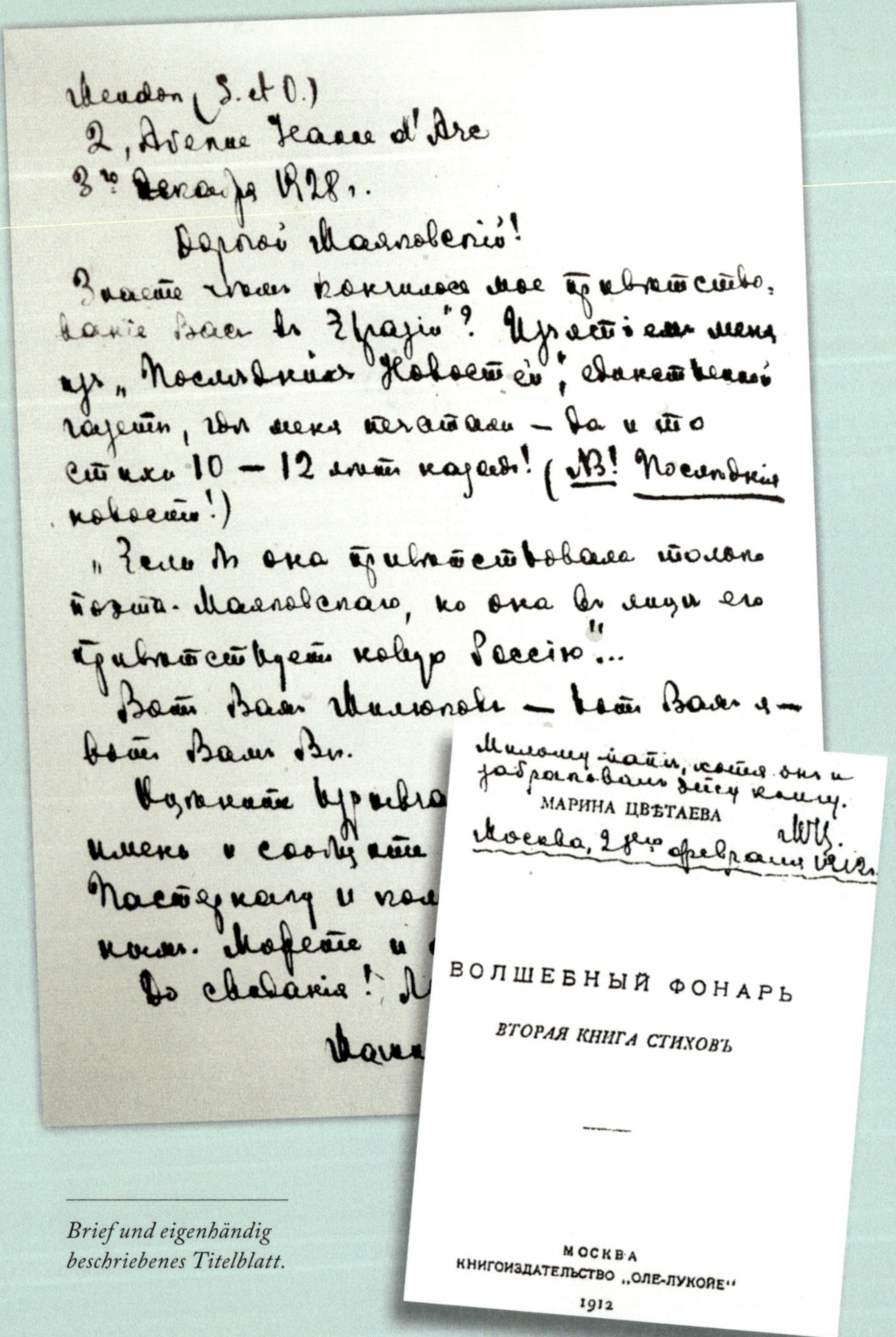

Meudon (S. et O.)
2, Avenue Jeanne d'Arc
3го декабря 1928 г.

Дорогой Маяковскій!

Знаете чѣмъ кончилось мое привѣтствіе Васъ въ „Евразіи"? Исключеніемъ меня изъ „Послѣднихъ Новостей", единственной газеты, гдѣ меня печатали — да и то стихи 10—12 лѣтъ назадъ! (NB! Послѣднія новости!)

„Если бы она привѣтствовала только поэта-Маяковскаго, но она въ лицѣ его привѣтствуетъ новую Россію"…

Вотъ Вамъ Милюковъ — вотъ Вамъ я — вотъ Вамъ Вы.

Возникаетъ кривая…
именъ и сообщите…
Пастернаку и по…
…Можете и…
До свиданія! М…
Мари…

Милому папѣ, хотя онъ и забраковалъ эту книгу.
МАРИНА ЦВѢТАЕВА
М Ц.
Москва, 2го февраля 1912 г.

ВОЛШЕБНЫЙ ФОНАРЬ

ВТОРАЯ КНИГА СТИХОВЪ

МОСКВА
КНИГОИЗДАТЕЛЬСТВО „ОЛЕ-ЛУКОЙЕ"
1912

Brief und eigenhändig beschriebenes Titelblatt.

1912 wurde Ariadna, genannt Alja, 1917, im Jahr der Oktoberrevolution, die zweite Tochter Irina geboren. Efron schloss sich den weißgardistischen Truppen, also der Konterrevolution, an. In der Hoffnung, ihren Mann wiederzutreffen, beschloss Marina Zwetajewa, nach Moskau zurückzukehren. Die dort ausbrechende Hungersnot zwang sie – in der Hoffnung, dass sie dort besser verpflegt würde –, Irina in ein Kinderheim zu geben, wo sie jedoch 1920 an Unterernährung starb.

Erst 1922 traf Marina ihren Mann in Berlin wieder. Mit Tochter Alja lebte das Paar zuerst in der Nähe von Prag, wo auch der Sohn Georgi, genannt Mur, geboren wurde. 1925 ließ sich die Familie in Frankreich nieder, lebte arm und isoliert in Pariser Vororten. Marina wie auch Sergej fühlten sich in den russischen Emigrantenkreisen nicht wohl, die wiederum bei ihnen eine klare Absage an Russland vermissten. Sergej arbeitete schließlich für die »Union zur Repatriotisierung«, die vom sowjetischen Nachrichtendienst finanziert wurde. In einen politischen Mord verwickelt, wurde er von der französischen Polizei gesucht und floh 1937 in die Sowjetunion, in die die Tochter Alja schon einige Monate vorher zurückgekehrt war. 1939, nach Hitlers Überfall auf Polen, folgte auch Marina zusammen mit Mur.

Sergej Efron scheint unmittelbar nach seiner Ankunft in der Sowjetunion verhaftet worden zu sein. Er wurde 1941 erschossen. Im Rahmen der Willkürurteile und der Sippenhaft dieser Zeit wurde Alja 1939 zu acht Jahren Arbeitslager verurteilt; ihr Verlobter hatte die Familie wohl ausspioniert. Doch damit nicht genug: Zehn Jahre später, im Februar 1949, wurde Alja Efron zum zweiten Mal verhaftet; dieses Mal lautete das Urteil »lebenslange Verbannung«. Ihre Schuld bestand einfach darin, bereits einmal verhaftet worden zu sein. Berühmt geworden ist ihr Briefwechsel mit Boris Pasternak aus dieser Zeit der Verbannung im nördlichsten Sibirien.

Doch da lebte die Dichterin Marina Zwetajewa längst nicht mehr. Nach dem deutschen Einmarsch war sie mit ihrem Sohn nach Jelabuga in die Tartarische Sowjetrepublik evakuiert worden. Dort beging sie am 31. August 1941 Selbstmord.

Der im Folgenden auszugsweise abgedruckte, fürsorgliche Brief ist einer von 14 Briefen und Postkarten, die Marina Zwetajewa zwischen dem 5. Februar und dem 29. Mai 1941 an ihre Tochter im Arbeitslager schrieb. Zu Beginn des Krieges in ein Sonderlager verbracht, übergab Alja das Bündel Briefe einer Lagergefährtin, der es gelang, sie trotz aller Untersuchungen und Verlegungen bis zu ihrer Befreiung aufzubewahren.

Moskau, 12. April 1941, Samstag

Liebe Alja! Endlich Dein erster Brief – vom 4., in einem blauen Umschlag. Ich habe ihn mir von 9 Uhr morgens bis 3 Uhr nachmittags angesehen – bis zu Murs Rückkehr aus der Schule. Er lag auf seinem Eßteller, er sah ihn schon in der Tür und stürzte sich mit einem zufriedenen und sogar selbstgefälligen A-a! darauf. Er gab ihn mir nicht zu lesen, er las sowohl seinen als auch meinen laut vor. Doch ich habe Dir noch vor dem Lesen – vor Ungeduld – eine Postkarte geschickt. Das war gestern, am 11., und am 10. habe ich die Überweisung für Papa gebracht, sie wurde angenommen.

Alja, ich habe mich eingehend um Deine Verpflegung gekümmert, Zucker und Kakao habe ich schon, jetzt bemühe ich mich um Bacon und Käse – irgendwelchen ganz steinharten. Ich schicke ein Säckchen getrocknete Möhren, ich habe sie im Herbst auf sämtlichen Heizkörpern getrocknet, man kann sie in kochendem Wasser aufbrühen, es ist wenigstens Gemüse. Schade, wenn auch nur zu natürlich, daß Du keinen Knoblauch ißt, – man hat mir auf gut Glück ein ganzes Kilo zurückgelegt. Ein zuverlässiges und weniger abstoßendes Mittel sind rohe Kartoffeln, denk daran. Sie sind ebenso wirkungsvoll wie Zitrone, das weiß ich ganz sicher.

Ich schrieb Dir schon, daß Deine Sachen freigegeben worden sind, man ließ mich selbst das Siegel brechen, so daß wir alles bekommen, übrigens haben die Motten nichts zerfressen. Im großen und ganzen sind alle Deine Sachen unversehrt: Bücher, Spielzeug und viele Fotos. Das Bastgefäß, das wir immer als Dose benutzt haben, habe ich an mich genommen und bewahre Glasperlen darin auf. Soll ich Dir nicht das silberne Armband mit dem Türkis schicken – für den anderen Arm, man kann es immer tragen, ohne es abzunehmen, was sogar schwierig ist. Und vielleicht einen Ring? Nun – wo ich schon beim Fragen bin, antworte: welche Decke? (Deine zweite blaue Decke ist in Bolschewo verlorengegangen wie vieles andere auch, mit Ausnahme von Deinen Sachen.) Ich habe noch meine bunte gestrickte Decke, sie ist groß, nicht schwer und warm; Dein beigefarbenes Plaid von Papa, es ist aber klein – und einen dunkelblauen spanischen Schal. Ich würde trotzdem die gestrickte Decke nehmen, und den Schal – bei der nächsten Gelegenheit, er ist auf jeden Fall Deiner. Ich schicke auch Naphtalin. Die Säcke sind schon fertig. Es sind zwei Kleider dabei – ein ungebleichtes, aus Noma, und ein anderes, etwas eleganteres, wir machen die Ärmel passend. Mulja schwört, daß er Nelkenöl gegen die Mücken besorgen kann – ein wunderbarer Duft, ich liebe ihn seit meiner Kindheit. Und viele Kleinigkeiten bekommst Du, zum Verschenken.

Bei uns ist Frühling, noch ist es frisch, das Eis ist noch nicht geschmolzen. Gestern hat mir die Aufwartefrau einen Weidenzweig mitgebracht, und abends (ich habe ein riesiges Fenster, über die ganze Wand) habe ich durch den Zweig hindurch den riesigen gelben Mond betrachtet, und der Mond hat mich angeschaut, auch durch den Zweig hindurch … Mur hat heute empört zu mir gesagt: – Mama, Du siehst aus wie eine schreckliche Alte vom Dorf! – Und es hat mir sehr gefallen, einer vom Dorf zu gleichen …

Ich möchte den Brief heute abschicken und schließe. Harre aus und sei tapfer …

Mama

Marina Zwetajewa mit ihrer 13-jährigen Tochter Ariadna im Jahr 1925.

»Ich brauche jetzt neue Inspirationsquellen«

Briefe des Aufbruchs

»Ich habe entdeckt, dass alles Unglück der Menschen von einem einzigen herkommt: dass sie es nämlich nicht verstehen, in Ruhe in einem Zimmer zu bleiben«, meinte der große Philosoph Blaise Pascal im 17. Jahrhundert. Ginge es danach, müssten die Frauen seiner und noch späterer Zeiten durchweg glücklich gewesen sein; kamen sie doch kaum aus ihrer zumeist engen häuslichen Umgebung heraus. Als im 18. Jahrhundert unter den Frauen des Bürgertums das Lesefieber ausbrach, zählte zu den am häufigsten angeführten Ursachen für diese neue Beschäftigung die »sitzende Lebensweise« der Frauen, wie sich der englische »Guardian« seinerzeit ausdrückte. Noch im 20. Jahrhundert hat die Schriftstellerin Marguerite Duras das zum Haus erweiterte Zimmer als das angestammte Reich der Frau gepriesen: Nur hier, im Betrachten des häuslichen Refugiums und der zu ihm gehörenden Dinge, habe sie das Gefühl, ganz Frau zu sein, bekannte sie in einem Interview. Und hier, verborgen vor den Blicken der Männer, haben viele Frauen in der Tat ihre leidenschaftlichen, freundschaftlichen, fürsorglichen oder engagierten Briefe geschrieben, die nicht selten auch ein Ersatz für fehlende Kontakt- oder Reisemöglichkeiten waren.

Mit dem Aufbruch unserer Gesellschaften in die Moderne gaben zunehmend mehr Frauen ihre »sitzende Lebensweise« auf. Sie machten sich auf in die weite Welt, gingen, teils aus Not, teils aus Abenteuerlust das Wagnis des Aufbruchs ein. Das Wort »Reise«, von althochdeutsch »risan«, meinte ursprünglich »aufstehen, sich erheben«, eine Bedeutung, die sich im englischen »to rise« erhalten hat. Wenn früher auf Segelschiffen der Ruf »Reise, Reise« erscholl, so war es das Signal für die Matrosen sich zu erheben. Und lange Zeit war für den, der auf Fahrt ging, nicht nur der Zeitpunkt der Rückkehr, sondern diese selbst alles andere als gewiss.

Unser Urlaub, diese Schwundstufe des Reisens, wie es das 18. und noch das 19. Jahrhundert als abenteuerliche Entdeckungs- oder ausgiebige Bildungsfahrt kannte, ist ein temporäres Verlassen des Alltags mit Rückkehrgarantie. Dagegen stehen die Spielarten des Aufbruchs ohne die Gewissheit, das Ziel der Sehnsucht zu erreichen, geschweige denn einst zurückzukehren: *Das Schiff fing an zu krachen, da brachen zwei Maſtbäume, und die Segel davon und die Seile sind zerrissen und zerfetzt. Das Schiff senkte sich nun ganz tief, und das Wasser kam herein zu der Öffnung, als würde es mit einem Eimer eingeschüttet werden. Diese konnten sie nicht zumachen, sonſt wären wir alle erſtickt. Vor Angſt konnte bald keiner mehr beten*, schrieb die achtundzwanzigjährige Angela Spoo an ihre Verwandten in der Eifel. Mit ihrem Verlobten, dem Schneidergesellen Nikolaus Heck, war sie 1854 aus wirtschaftlichen Gründen nach Amerika ausgewandert. Man sieht hier: Nicht nur Muße und Behaglichkeit, sondern auch extreme Lebenssituationen lehrten die Menschen das Briefeschreiben. An den zum Teil atemlosen Briefen der Emigranten auf der Flucht vor dem Nationalsozialismus, aber auch an den ergreifenden Briefen aus den Konzentrations- und Vernichtungslagern zeigte sich dieses Phänomen ein weiteres, vielleicht ein letztes Mal.

Eine besondere Form des Aufbruchs war die von Rousseau initiierte Suche nach den eigenen oder den vermeintlich besseren Ursprüngen, wie sie im 19. Jahrhundert Arthur Rimbaud und Paul Gauguin, aber auch eine Isabelle Eberhardt vorgelebt haben. Die Tochter einer

russischen Emigrantin trat mit zwanzig Jahren zum Islam über und begann ein Nomadenleben; in Männerkleidung durchstreifte sie die Länder des Maghreb, besuchte nicht nur die heiligen Stätten, sondern auch Bars und Bordelle und lebte mit Beduinen zusammen. Sechsundzwanzigjährig starb sie in der Sahara, als ihre Behausung in einem ausgetrockneten Flussbett nach einem Unwetter von einer Flutwelle weggerissen wurde. Reisen wird hier zu einer Suche nach exotischen Paradiesen, in denen sich noch ein ursprüngliches, glückliches und möglichst von materiellem Wohlstand losgelöstes Leben führen lässt. Bis zum Tourismus, zumindest in seiner Abenteuervariante, ist es von hier aus gar nicht so weit.

Metamorphosen

Maria Sibylla Merian an den Naturforscher Johann Georg Volckamer

Maria Sibylla Merian war die Tochter eines Frankfurter Verlegers und Kupferstechers, der starb, als sie drei Jahre alt war. Schon früh interessierte sie sich für die Erscheinungen der Natur in ihrer unmittelbaren Umgebung. So begann sie Raupen in Schachteln zu sammeln und entdeckte, dass sie sich, das Vorhandensein der richtigen Wirtspflanze vorausgesetzt, verpuppen und in »Sommer- und Mottenvögelchen«, wie sie die Falter nannte, verwandeln. In einer Zeit, in der man allgemein annahm, dass Raupen als Teufelsbrut aus Schlamm entstehen, war sie die Erste, die die gesamte Metamorphose der Insekten vom Ei über die Larve oder Raupe bis zur Flug- oder Krabbelform nachwies; ebenfalls als Erste entdeckte sie die Symbiose von Raupe und Wirtspflanze.

Doch damit nicht genug. Ihr Stiefvater, der Blumenmaler Jacob Marrel, der einen florierenden Kunsthandel in Utrecht betrieb, sorgte dafür, dass auch ihr Zeichentalent zielgerichtet ausgebildet wurde. Ihre Blumenbilder ergänzte sie mit den Darstellungen von Käfern und Schmetterlingen. Wann sie erstmals auf die Idee kam, ihre naturkundlichen Forschungen und ihr künstlerisches Talent zu einer Art der Kunst zu verbinden, die Aufschluss über die Vorgänge der Natur gibt, entzieht sich unserer Kenntnis. Während ihr 1675, 1677 und 1680 in drei Teilen erschienenes »Neues Blumenbuch« noch als Musterbuch für malende und stickende Damen der Oberschicht gedacht war, die sie auch persönlich unterrichtete, enthält ihr 1679 und 1683 in zwei Bänden veröffentlichtes Raupenbuch die Ergebnisse ihrer langjährigen Naturbeobachtungen. Jedes Blatt zeigt die Entwicklungsstadien von Insekten in Verbindung mit den Pflanzen, von denen sie sich ernähren. Das nur in kleiner Auflage erschienene Werk trug den schönen Titel: »Der Raupen wunderbare Verwandlung und sonderbare Blumennahrung«.

1665, da war sie achtzehn Jahre alt, wurde Maria Sibylla Merian mit dem Nürnberger Maler und Graveur Johann Andreas Graff getraut, auch er ein Schüler ihres Stiefvaters. Graff war seiner Frau in geistigen und künstlerischen Belangen stark unterlegen, worunter auch die Ehe gelitten haben muss. Nach der Geburt ihrer zweiten Tochter Dorothea Maria, die erst ein Jahrzehnt nach der erstgeborenen Johanna Helena zur Welt kam, verließ Anna Sibylla Merian jedenfalls zusammen mit den Töchtern ihren Mann und ging zur Mutter nach Frankfurt zurück, wo auch der zweite Teil ihres Raupenbuches erschien. Dort aber blieb sie lediglich vier Jahre, machte sich dann, wohl in der Absicht, die endgültige Trennung von ihrem Mann zu erreichen, mit Mutter und Töchtern ins niederländische Friesland auf, wo sie in einer pietistischen Kommune Unterschlupf fand. Die Labadisten dort lebten als Selbstversorger in einer klösterlichen Gütergemeinschaft und praktizierten die Gleichberechtigung von Mann und Frau. Der angereiste Mann, der um seine Ehe kämpfte

und sie nach Hause zurückholen wollte, wurde in einer gemeinsamen Aktion von drei Frauengenerationen Merian abgewiesen.

Nach dem Tod der Mutter ging sie, auch jetzt in Begleitung beider Töchter, nach Amsterdam. Von dort aus brach sie im Juni 1699, immerhin schon zweiundfünfzigjährig und genau einhundert Jahre vor Alexander von Humboldt, zusammen mit ihrer dreißig Jahre jüngeren Tochter Dorothea nach Surinam auf, mit dem Ziel, in der niederländischen Kolonie an der Ostküste Südamerikas die Pflanzen- und Insektenwelt zu studieren und zu dokumentieren. Finanziert hatte sie die Expedition durch den Verkauf eines großen Teils ihrer Sammlungen und Bilder. Von Paramaribo aus zog sie mit einem Trupp afrikanischer Sklaven in den Dschungel, erkrankte jedoch nach eineinhalb Jahren an Malaria, sodass Mutter und Tochter ihre Expedition früher als geplant beenden mussten.

Zurück in Amsterdam, bereitete sie ihr Buch über die Insekten von Surinam vor. Aus dieser Phase ist ein Brief an den Nürnberger Arzt und Naturforscher Johann Georg Volckamer erhalten, dem sie schrieb, sie bringe jetzt alles, was sie in Surinam entdeckt habe, *in Perfektion aufs Pergament.*

Darum habe ich vordem in dem Land die Würmer und Raupen, wie auch die Arten ihrer Speise und deren Eigenschaften gemalt und beschrieben. Aber alles, das ich nicht vonnöten hatte zu malen, habe ich mitgebracht, wie die Sommervögel und Käfer und alles, was ich in Branntwein einlegen konnte und alles, was ich trocknen konnte, alles das male ich nun … Aber alles auf Pergament in Großfolio, dabei die Tiere lebensgroß, sehr kurios, da viele verwunderliche und rare Sachen dabei sind, die da noch nie ans Licht gekommen sind, und auch so leicht niemand eine solche schwere koſtbare Reise tun wird um solcher Sachen willen. Auch iſt in diesem Lande eine sehr große Hitze, so dass man keine Arbeit tun kann, es sei denn mit größter Beschwernis, und ich hatte das beinahe mit dem Tod bezahlen müssen, darum ich auch nicht länger dort bleiben konnte. Auch wunderten sich dort alle Menschen, dass ich noch mit dem Leben davongekommen bin, da doch die meiſten dort an der Hitze ſterben, so dass dieses Werk nicht allein rar iſt, sondern es auch bleiben wird …

Merians Leidenschaft galt der Metamorphose von Insekten, wie hier mit Granatapfel (aus »Metamorphosis Insectorum Surinamensium«, 1705).

Zu Ehren dienstbeflissene
Maria Sybilla Merian
Bitte alle Freunde so nach mir fragen freundlich zu grüßen
Amsdeldam den 8 October 1702

Nach vier Jahren Arbeit erschien 1705 im Selbstverlag das Buch »Metamorphosis Insectorum Surinamensium« (»Metamorphose der Insekten Surinams«), in niederländischer und lateinischer Sprache. Drei von ihr beauftragte Kupferstecher setzten dafür Merians Aquarelle in Druckvorlagen um. Ein Schlaganfall, in dessen Folge die Naturkünstlerin teilweise gelähmt war, vereitelte die bereits geplante Fortsetzung des Metamorphosen-Buches. 1717, im Alter von neunundsechzig Jahren, starb Maria Sibylla Merian in Amsterdam.

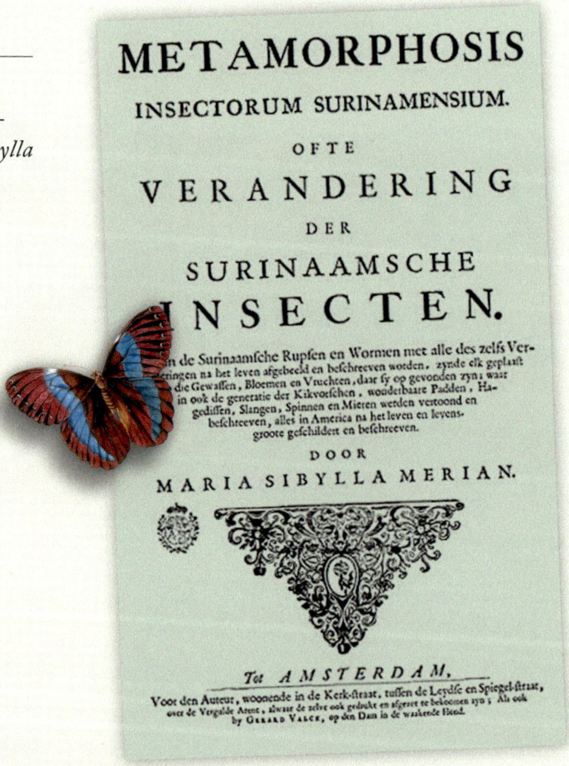

METAMORPHOSIS
INSECTORUM SURINAMENSIUM.
OFTE
VERANDERING
DER
SURINAAMSCHE
INSECTEN.
n de Surinaamsche Rupsen en Wormen met alle des zelfs Ver-
eringen na het leven afgebeeld en beschreeven worden, zynde elk geplaast
die Gewassen, Bloemen en Vruchten, daar sy op gevonden zyn; waar
in ook de generatie der Kikvorschen, wonderbaare Padden, Ha-
gedissen, Slangen, Spinnen en Mieren werden vertoond en
beschreeven, alles in America na het leven en levens-
groote geschildert en beschreeven.
DOOR
MARIA SIBYLLA MERIAN.

Tot AMSTERDAM,
Voor den Auteur, woonende in de Kerk-straat, tussen de Leydse en Spiegel-straat,
over de Vergulde Arent, alwaar de zelve ook gedrukt en afgezet te bekoomen zyn; Als ook
by GERARD VALCK, op den Dam in de waakende Hond.

Titelblatt des 1705 erschienenen Hauptwerks der Maria Sibylla Merian.

Ich bin nicht ich

Gertrude Bell
an Horace Marshall

Sie war ständig »von Männern umgeben«, wie Janet Wallach, ihre Biografin schrieb, und bewegte sich auch ihr ganzes Leben lang in Kreisen, die zu ihrer Zeit Männern vorbehalten waren; unterwegs in Arabien, galt sie als »Mann ehrenhalber«. Dennoch war Gertrude Bell, die ein wenig steife Viktorianerin mit rotem Haar und grünen Augen, keine Frau für Männer, dafür sorgte schon ihr Bedürfnis nach Unabhängigkeit. Als sie sich zum ersten Mal sterblich verliebte, war die Tochter einer britischen Industriellenfamilie, die als erste Frau überhaupt in Oxford ein Prädikatsexamen in Geschichte abgelegt hatte, bereits in Persien, dem Land ihrer Träume angelangt. Drei Ballsaisons lang hatte sie sich zuvor auf dem heimischen Heiratsmarkt präsentiert, ohne einem Mann zu begegnen, den sie für ebenbürtig und somit für heiratenswert gehalten hätte. Gertrude Bell hatte ein Problem, mit dem sich heute zunehmend mehr Frauen konfrontiert sehen: Sie sind den für eine Beziehung in Frage kommenden Männern an Bildung und Weltläufigkeit, häufig auch an Risikofreudigkeit überlegen; das Resultat sind Langeweile und Desinteresse auf ihrer, Minderwertigkeitsgefühle und beinahe instinktive Fluchtbewegungen auf seiner Seite.

Kaum eine Woche in Teheran, lernte Gertrude Bell den zehn Jahre älteren Diplomaten Henry Cardogan kennen; er war charmant, intelligent und belesen, und sie hatten gemeinsame Interessen. Er ritt mit ihr in die Wüste, begleitete sie auf den Landsitz des Schahs, las ihr Verse der persischen Dichter vor und brachte ihr bei, wie man mit Falken jagt. Der Brief, den die sechsundzwanzigjährige Gertrude Bell an ihren Cousin Horace Marshall, den liebsten Spielkameraden aus Kindertagen, schrieb, spiegelt, ohne den Namen ihres Begleiters ein einziges Mal zu nennen oder auch nur seine Existenz zu erwähnen, die unbeschwerte und verheißungsvolle Atmosphäre dieser Tage wider; er kündet aber auch von ihrer lebenslangen Faszination für den Nahen Osten. Einige Passagen aus dem hier gekürzt wiedergegebenen Brief hat Gertrude Bell in ihre zwei Jahre später erschienene Reisebeschreibung »Persian Pictures« übernommen.

Gulahek, am 18. Juni 1892

Lieber Vetter, ich frage mich, ob wir noch dieselben Menschen sind, wenn alles rings um uns sich wandelt: Umgebung, Beziehungen, Bekanntschaften. Hier wird das Wesen, das ich mein Ich nenne, und das sich nach Frauenart wie ein leeres Gefäß füllen lässt, mit einem Weine gefüllt, von dem ich in England nie etwas vernommen habe. Nun ist für den Durstigen der Wein wichtiger als der Krug; und daraus schließe ich, lieber Vetter, dass die Frau, die Dir heute aus Persien schreibt, nicht mehr die gleiche ist, die in der Mansfield Street mit Dir getanzt hat ... Wie immer dem sei: ich erinnere mich Deiner als eines lieben Mitgeschöpfes aus einem früheren Dasein; ich möchte Dich gern in mein jetziges Dasein hinüberziehen und bereite darum mit Tinte die Pfade, auf denen Deine Seele zu mir gelangen kann ... Und also schreibe ich Dir, unter Vorbehalt, aus Persien: Ich bin nicht ich; das ist meine einzige Entschuldigung ... Also: Hierzulande tragen die Männer wallende Gewänder in Grün und Weiß und Braun, und die Frauen lüften den Schleier wie die Madonnen Raffaels, um Dich anzublicken, wenn Du vorübergehst; überall, wo es Wasser gibt, wuchert ein üppiger

Pflanzenwuchs auf, und wo es keinen gibt, ist nichts als Stein und Wüste. Oh, diese Wüste rings um Teheran! – Meilen auf Meilen, wo nichts, nichts wächst; eingeschlossen von fahlen kahlen Bergen, die schneegekrönt und vom Lauf der Sturzbäche tief gefurcht sind. Ich habe nicht gewusst, was eine Wüste ist, bis ich hierher kam. Es ist etwas ganz Wunderbares! Plötzlich, aus dem Nichts, aus einem bisschen kalten Wasser bricht ein Garten hervor. Und was für ein Garten! – Bäume, Brunnen, Teiche, Rosen und mittendrin ein Haus, eines von den Häusern wie in unseren Kindermärchen! Besetzt mit winzigen Stücken Spiegelglases in zauberhaften Mustern, mit blauen Ziegeln gedeckt, mit Teppichen ausgelegt, mit Hall und Widerhall erfüllt vom Plätschern fließenden Wassers und dem Rieseln der Brunnen. Hier wohnt der verzauberte Prinz – feierlich, würdevoll, in lange Gewänder gekleidet. Er schreitet Dir entgegen, Dich zu begrüßen, wenn Du eintrittst, sein Haus ist Deines, sein Garten ist Deiner, sein Tee und seine Früchte – alles ist Dein ... Euer Sklave hofft, dass durch Gottes Gnaden die Gesundheit Eurer Gnaden vortrefflich sei? Jawohl, sie ist es, dank Seiner großen Güte. Wünschen Eure Herrlichkeit sich zu diesem Kissen zu verfügen? Eure Herrlichkeit lässt sich nieder und verbringt zehn Minuten damit, mit ihrem Gastgeber blumige Komplimente auszutauschen, die ein Dolmetscher übersetzt, indessen Eis und Kaffee gereicht werden. Danach reitest Du heim, erfrischt, entzückt, nachdem reicher Segen auf Dein beglücktes Haupt herabgefleht worden ist ... Ach, wir im Westen kennen weder Gastfreundschaft noch wissen wir, was gute Manieren sind ...

Ich lerne Persisch; nicht mit Nachdruck, aber man betreibt hier gar nichts mit Nachdruck...

Doch aus der gemeinsamen Zukunft, für die Gertrude Bell und Henry Cardogan alsbald Pläne schmiedeten, sollte nichts werden. Der Vater verweigerte seine Zustimmung. Cardogan stammte zwar aus einer britischen Adelsfamilie, konnte aber mit keinem Erbe rechnen und vor allem, er war ein erheblich verschuldeter Spieler. Gertrude fügte sich zwar der patriarchalischen Entscheidung, doch hoffte sie wohl insgeheim, ihren Vater letztlich umstimmen zu können. Trotz der schrecklichen Trennung würde sie immer wieder so handeln, schrieb sie nach Hause: *Manche Menschen leben ihr ganzes Leben und dürfen nie*

so etwas Wunderbares erfahren. Ich habe es wenigstens erlebt und die Möglichkeiten kennengelernt, die das Leben bietet – nur weint man natürlich ein wenig, wenn man sich wieder abwenden und das alte beengte Leben wieder aufnehmen muss. Acht Monate später erhielt sie ein Telegramm aus Teheran, das ihr den Tod des Geliebten mitteilte: Er war beim Angeln in das eisige Wasser eines Flusses gestürzt und hatte die anschließende Lungenentzündung nicht überlebt.

Den Verlust der Liebe kompensierte Gertrude Bell mit ungeheurem Aktivismus. In den folgenden Jahren bereiste sie den gesamten Globus. Sie durchquerte Gebiete, die vor ihr noch keine europäische Frau betreten hatte und für die noch keine Landkarten existierten. Sie lernte Arabisch, Persisch und Türkisch, was ihr bei ihren zahlreichen Reisen durch den Nahen und Mittleren Osten und ihren späteren Missionen für das British Empire sehr von Nutzen war. Gemeinsam mit zwei Bergführern bestieg sie neun Gipfel im Berner Oberland und bezwang als Erste die Ostwand des Finsteraarhorns. In Meso-

Auf dem Ölgemälde mit der Beduinen-Karawane hielt François Barry 1863 den Zauber des Morgenlandes fest.

potamien vermaß sie alte Wüstenburgen und begann sich erfolgreich als Archäologin zu betätigen. Sie wurde zur gefragtesten Orient-Expertin ihrer Zeit und verfasste im Auftrag des britischen Ober- und Unterhauses ein Weißbuch über die Entwicklung von Mesopotamien. Sie befreundete sich mit Lawrence von Arabien und half ihm, einen Aufstand der Araber gegen die Türken anzuzetteln. Sie wirkte bei der Inthronisation König Feisals I. von Irak mit. Noch zweimal verliebte sie sich: 1913 in den Diplomaten Charles Doughty-Wylie, der für sie seine Ehe jedoch nicht aufgab und ebenso wie Cardogan wenig später umkam, sowie in den 1920er Jahren in Kinahan Cornwallis, den siebzehn Jahre jüngeren Berater Faisals, der trotz Scheidung nicht ihr Mann werden wollte. Als Vita Sackville-West sie wenige Monate vor ihrem Selbstmord 1926 in Bagdad besuchte, fiel ihr Gertrude Bells »unbezähmbare Vitalität und ihre besondere Begabung« auf, »andere wachzurütteln und ihnen das Gefühl zu vermitteln, dass das Leben lebenswert und aufregend sei«. Doch musste sie auch feststellen, wie krank und zerbrechlich jene Frau mittlerweile wirkte, die man einst »Tochter der Wüste« und »die ungekrönte Königin des Irak« genannt hatte.

Auf der Suche nach Indien

Amrita Sher-Gil an ihren Vater

Häufig war in den letzten Jahren vom »Clash of Civilizations«, einem Zusammenprall und Kampf der Kulturen, die Rede. Dahinter steckt der Gedanke, dass ein Mensch nur jeweils einer Kultur angehören könne, der westlichen, der muslimischen, der russischen oder welcher auch immer. Wahrscheinlich ist es kein Zufall, dass gerade ein indischer Denker, der Nobelpreisträger Amartya Sen, dieser Vorstellung leidenschaftlich widersprochen hat. Indien ist nicht nur ein Vielvölkerstaat, bedingt durch seine Kolonialgeschichte war es lange Zeit auch ein Schauplatz des blutigen Aufeinanderprallens zweier Kulturen: der westlichen, in Gestalt der britischen Kolonialmacht, und der jahrtausendealten indischen Tradition. In seinem berühmten Indienroman »A Passage to India« hat der englische Schriftsteller E. M. Forster die Kluft zwischen den beiden Kulturen und Mentalitäten in den 1920er Jahren als nahezu unüberwindlich dargestellt.

Amartya Sens Argument gegen den Clash ist im Kern sehr einfach, in seinen Konsequenzen aber weitreichend und komplex. Für ihn geht der Riss zwischen den Kulturen durch jeden einzelnen Menschen. Das mag bei dem einen mehr, bei dem anderen weniger der Fall sein. Niemals lässt sich unsere Identität jedoch auf ein einziges Merkmal reduzieren, etwa Ungarin oder Muslimin zu sein. Jede und jeder von uns ist, wie Sen es formuliert hat, »auf vielfältige Weise anders«.

Eine Person kann etwa völlig widerspruchsfrei Tochter eines indischen Aristokraten und einer ungarischen Opernsängerin, ungarische Muttersprachlerin, indische Bürgerin, Jüdin, Künstlerin, Pariser Bohèmienne, assoziiertes Mitglied der Société Nationale, Kosmopolitin, Sozialistin, Traditionalistin, Frau, Heterosexuelle mit homosexuellen Neigungen, Verfechterin der sexuellen Selbstbestimmung der Frau, eine hinreißende Schönheit und der festen Überzeugung sein, dass alle Kunst, einschließlich der religiösen Kunst, um der Sinnlichkeit willen geschaffen wurde – genau das alles nämlich und wahrscheinlich noch viel mehr war die Malerin Amrita Sher-Gil.

1921, sie war gerade einmal acht Jahre alt, übersiedelte die Familie Sher-Gil von Ungarn nach Simla in Indien, der Sommer-Hauptstadt der britischen Kolonialverwaltung. Die kunstsinnigen Eltern förderten die musikalischen, die schauspielerischen und auch die zeichnerischen Talente ihrer Tochter. Im Alter von sechzehn Jahren ging sie mit ihrer Mutter nach Paris und absolvierte eine Ausbildung zur Malerin, anfangs an der Académie de la Grande Chaumière in Montparnasse, einer damals wie heute offenen Kunstschule, später an der École des Beaux Arts. Mit ihrem ersten großen Bild, »Junge Mädchen«, das eine halbbekleidete, vollbusige junge Frau im Profil, mit einem Kamm in der Hand, und im Hintergrund eine gerade zu Besuch gekommene Freundin zeigt, fand sie als jüngste und als einzige asiatische Künstlerin 1933 Aufnahme in den Grand Salon.

Im Jahr darauf ergriff sie ein intensives Verlangen, nach Indien zurückzukehren, sie spürte, dass dort ihre Zukunft als Malerin liegen würde. »Europa gehört Picasso, Matisse, Braque und vielen anderen«, schrieb sie später, »Indien gehört nur mir.« Ihre Eltern hätten ihre Zukunft lieber in Europa gesehen, nicht zuletzt weil sie fürchteten, der Nonkonformismus ihrer Tochter könnte dem Ruf der Familie in

Indien schaden. In dieser Situation schrieb die Einundzwanzigjährige einen Brief an ihren Vater, in dem sie ihre Wahl begründete.

September 1934
Lieber Duci,
ich muss gestehen, der Grund für Deinen Wunsch, dass wir in Europa bleiben, hat mich ein wenig verletzt. Es hat mich traurig gemacht festzustellen, dass Euch die Wahrung Eures guten Namens wichtiger ist als Eure Zuneigung zu uns … Mein Grund zurückzukehren liegt vorwiegend im Interesse meiner künstlerischen Entwicklung. Ich brauche jetzt neue Inspirationsquellen, und da merkst Du, Duci, wie falsch Du liegst, wenn Du von unserem mangelnden Interesse an Indien sprichst, an seiner Kultur, seinen Menschen, seiner Literatur. Sie interessieren mich über die Maßen, und ich möchte damit vertraut werden, und ich glaube, das werde ich in Indien finden. Unser langer Aufenthalt in Europa hat mir erst geholfen, Indien richtig zu entdecken. Die moderne Kunst hat mich gelehrt, die indische Malerei und Skulptur zu verstehen und zu würdigen. Das mag paradox klingen, aber ich bin überzeugt, wären wir nicht nach Europa gekommen, wäre mir vielleicht nie bewusst geworden, dass ein Fresko in Ajanta oder eine kleine Skulptur im Musée Guimet mehr wert ist als die ganze Renaissance.

Zumal der letzte Satz mag übertrieben klingen. Kein Kenner Michelangelos oder Leonardos würde deren Werk, geschweige denn die ganze Renaissance für eine Terrakotta, und sei sie noch so ausdrucksstark, aus dem ursprünglich von dem Industriellen Émile Guimet gegründeten Museum asiatischer Künste in Paris hergeben wollen. Amrita Sher-Gil gibt sich in diesem Brief als eine Vertreterin der Kunst ihrer Zeit zu erkennen, die »neue Inspirationsquellen« in »primitiven« Formen außerhalb des traditionellen Bereichs der westlichen Kunst suchte. Für Paul Gauguin, dessen Werk Amrita zu einem Selbstporträt mit nacktem Oberkörper als Tahiterin angeregt hat, war die Inspirationsquelle die Südsee, die er sich als unberührtes Paradies erdachte; mit ihrer rauen Realität konfrontiert, erschuf er sich dann die Traumwelt auf der Leinwand. Für Picasso und seine Freunde

*Amritas Gemälde »Gruppe mit drei Mädchen«
aus dem Jahr 1935 befindet sich heute in der National Gallery
of Modern Art in Neu Delhi.*

1934, inspiriert durch Paul Gauguin, porträtierte sich Amrita selbst als Tahiterin.

war es die afrikanische Plastik, die sie allerdings nicht in Afrika, sondern in einem Pariser Museum, dem heutigen Musée de l'Homme, entdeckten.

Bei Amrita Sher-Gil, die wesentliche Teile ihrer Kindheit im Land ihres Vaters verbracht hatte, lag es nahe, dass sie, um ihre Malerei unverwechselbar zu machen, Indien nicht nur mit der Seele suchte, sondern sich das Land und seine Menschen und Traditionen mit allen ihren Sinnen aneignete. Aus ihrem Brief geht hervor, dass der Aufbruch nach Indien keine Rückkehr zu den Wurzeln und eine Ablehnung der Gegenwart und ihrer Geschichte meint; erst die moderne Kunst habe sie gelehrt, die traditionelle indische Malerei und Skulptur zu verstehen. Es geht hier also um eine Erweiterung des Horizonts und einen Zugewinn an Vielseitigkeit unter Beibehaltung des modernen Blicks auf die Welt. Das lässt sich auch an den Bildern erkennen, die Amrita Sher-Gil in den wenigen Jahren malte, die ihr nach ihrem Aufbruch nach Indien bis zu ihrem frühen Tod mit achtundzwanzig Jahren blieben: Sie stellte das Leben der einfachen Inder, insbesondere der Frauen, dar und griff dabei auf Elemente traditioneller indischer Kunst zurück; der abstrakte Bildaufbau und die Weigerung, eine Geschichte zu erzählen, waren aber unverkennbar modern. Ja, man kann sagen, dass erst ihr Aufbruch nach Indien sie zu einer eigenständigen Künstlerin werden ließ, die sich von den Kunstströmungen ihrer Zeit absetzte und Bilder schuf, die kein anderer so hätte malen können. Ihr Anliegen war es nicht, die eine gegen die andere Kultur auszuspielen oder beide zu einem Einheitsbrei zu verrühren: sie nutzte als Künstlerin und auch als Frau die Spannung zwischen den konkurrierenden Zugehörigkeiten, um auf »vielfältige Weise anders« sein zu können.

Nachweise

Von den vorhandenen Sammlungen von Frauenbriefen haben mir besonders geholfen: Olga Kenyon, »800 Years of Women's Letters«, Winchester: Faber and Faber 1992; Karl Lerbs, »England schreibt«, Hamburg 1937; Claudia Schmölders, »Briefe von Liselotte von der Pfalz bis Rosa Luxemburg«, Frankfurt am Main 1988.

Nicht wenige Briefe wurden von mir selbst aus der Originalsprache übersetzt; vorhandene Übertragungen habe ich, wo es mir nötig und angemessen erschien, modifiziert.

Eine ins Deutsche übersetzte Auswahl der Briefe von Elizabeth Barrett und Robert Browning ist 1920 im S. Fischer Verlag, Berlin, erschienen. Die maßgebliche Biografie von Elizabeth Barrett Browning hat Margret Foster geschrieben (New York 1989). – Die beiden Briefe von Madame de Sévigné sind nach der Ausgabe des Insel Verlags zitiert (hg. und übers. von Theodora von der Mühl, 1966). – Die Briefe der Julie de Lespinasse hat Johannes Willms ins Deutsche übersetzt und in der Bibliothek des 18. Jahrhunderts des Verlags C.H. Beck kundig kommentiert (»Briefe einer Leidenschaft. 1773–1776«, München 1997). – Über Caroline Schlegel-Schelling hat jüngst Brigitte Roßbeck ein aufschlussreiches Buch geschrieben: »Zum Trotz glücklich«, München 2008. – Die Liebesaffäre von George Sand und Alfred de Musset behandelt sehr ausführlich, auch mit Bezug auf Henry James, Dan Hofstadter in seinem grandiosen Buch »Die Liebesaffäre als Kunstwerk«, Berlin 1996. – Den Briefen der Božena Němcová ist ein Band der Tschechischen Bibliothek gewidmet: »Mich zwingt nichts als die Liebe«, München 2006. – Katherine Mansfields Briefe sind nach der Ausgabe im Insel Verlag (1992) zitiert. – Über die Geschichte der

Beziehung von Virginia Woolf und Vita Sackville-West hat Susanne Amrain ein wunderbares Buch geschrieben: »So geheim und vertraut«, Frankfurt am Main 1994; Vitas Briefe an Virginia Woolf sind in deutscher Übersetzung im S. Fischer Verlag erschienen: »Geliebtes Wesen ...«, 1995.

Über das Leben der Lady Mary Montagu informiert kenntnisreich Günter Gentsch in seiner Biografie »Roulette des Lebens«, Königstein/Taunus 2007; »The Complete Letters of Lady Mary Wortley Montagu« hat Robert Halsband 1965 in der Oxford University Press herausgegeben. Die »Briefe aus dem Orient« liegen in deutscher Übersetzung in mehreren Ausgaben vor. – »Jane Austen's Collected Letters« sind, herausgegeben von R.W. Chapman, in einer zweibändigen Ausgabe der Oxford University Press erschienen. – Die »Briefe einer Freundschaft« von Ingeborg Bachmann und Hans Werner Henze sind 2004 im Piper Verlag, München, erschienen.

Die erste vollständige Ausgabe des »geheimen Briefwechsels« von Maria Theresia und Marie Antoinette erschien 1952 in Wien. – Unter dem Titel »Die Schopenhauers« hat Ludger Lütkehaus den Familien-Briefwechsel von Adele, Arthur, Heinrich Floris und Johanna Schopenhauer herausgegeben (Zürich 1991).

Das schönste und beste Buch über Maria Sibylla Merian ist augenblicklich der von Kurt Wettengl herausgegebene Katalog zur Ausstellung im Historischen Museum Frankfurt am Main 1997/98. – Die einschlägige Biografie von Gertrude Bell hat Janet Wallach geschrieben (»Königin der Wüste«). – Anlässlich der Ausstellung »Amrita Sher-Gil. Eine indische Künstlerfamilie im 20. Jahrhundert« im Haus der Kunst München ist bei Schirmer/Mosel ein Katalog erschienen.

Zum Schluss sei mir der Hinweis gestattet, dass aus Umfangsgründen viele der für dieses Buch geschriebenen Texte nicht unerheblich gekürzt wurden; einige konnten auch nicht aufgenommen werden.

Ich stelle mir vor, dass dieses Buch meiner Mutter Freude bereitet; deshalb möchte ich es ihr widmen.

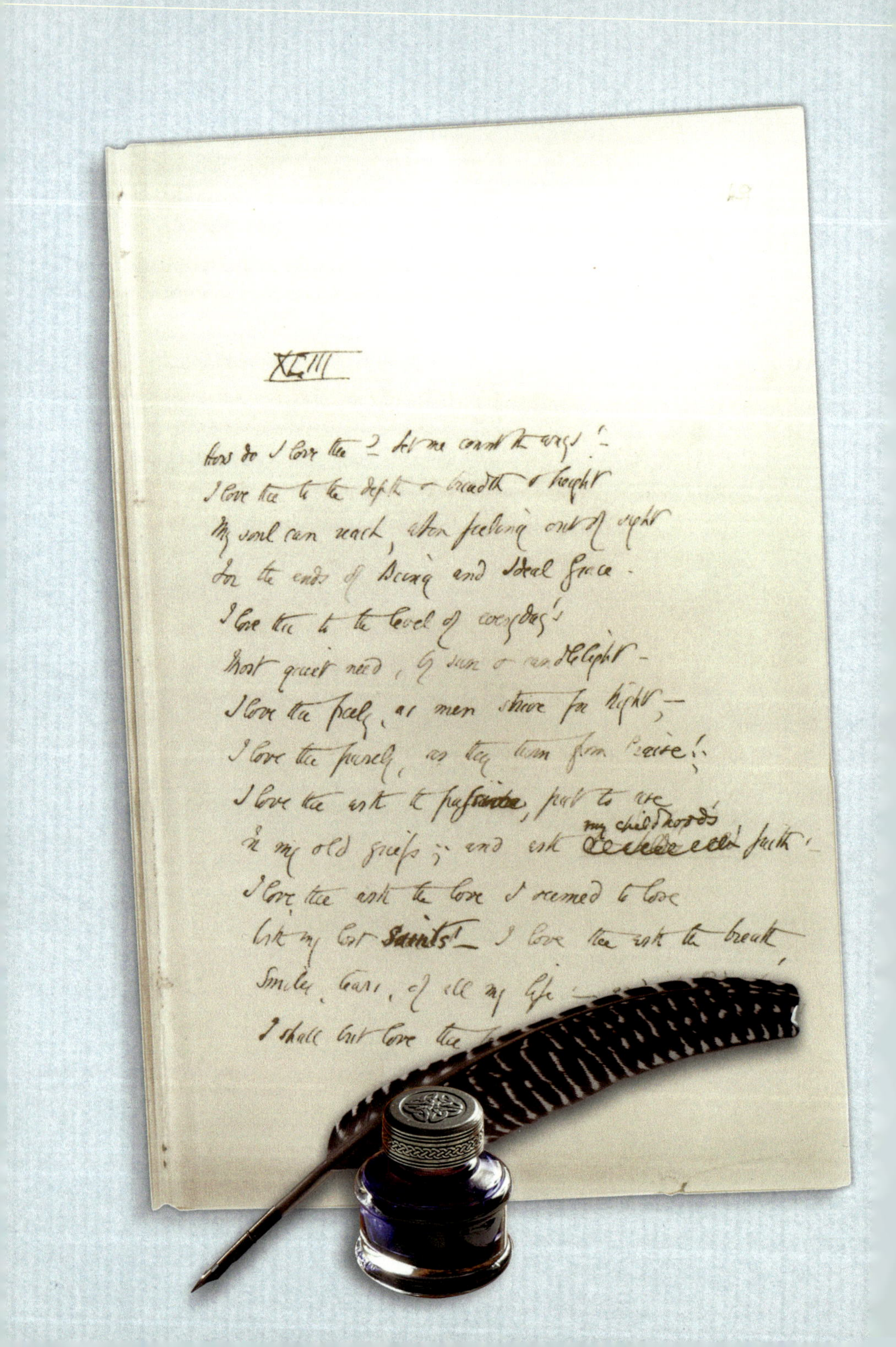
XLIII

How do I love thee? – let me count the ways!–
I love thee to the depth & breadth & height
My soul can reach, when feeling out of sight
For the ends of Being and Ideal Grace.
I love thee to the level of everyday's
Most quiet need, by sun & candlelight –
I love thee freely, as men strive for Right; –
I love thee purely, as they turn from Praise!;
I love thee with the passion, put to use
In my old griefs; and with my childhood's faith: –
I love thee with the love I seemed to lose
With my lost Saints! – I love thee with the breath,
Smiles, tears, of all my life
I shall but love thee

Personenregister

Adorno, Theodor W. 14
Austen, Cassandra 83-90
Austen, Jane 83-90

Bachmann, Ingeborg 99-103, 155
Barrett(-Browning), Elizabeth 19, 20-34, 48,154
Barthes, Roland 18
Baudelaire, Charles 55, 61
Beauvoir, Simone de 55, 61, 76
Bell, Gertrude 143-147, 155
Brahms, Johannes 11
Browning, Robert 19, 20-34, 48, 154

Cannary Burke, Martha Jane (gen. Calamity Jane) 125-128
Cardogan, Henry 144 ff.
Cicero, Marcus Tullius 105

Deffand, Marie Anne de Vichy-Chamrond, Marquise du 43 f.
Duras, Marguerite 135

Eberhardt, Isabelle 136

Flaubert, Gustave 10
Fontane, Emilie (geb. Rouanet-Kummer) 12
Fontane, Theodor 11 f.
Freud, Sigmund 77
Friedrich II., d. Gr. (König) 105
Frisch, Max 103

Gauguin, Paul 136, 150
Goethe, Johann Wolfgang v. 66, 83, 120
Gouges, Olympe de 28, 115
Guibert, Jacques-Antoine-Hippolyte, Comte de 42-49

Henze, Hans Werner 99 ff., 155
Hildesheimer, Wolfgang 100

James, Henry 61 f., 154

Kierkegaard, Sören 17
Klabund (d. i. Alfred Henschke) 9, 11
Koteliansky, Samuel Solomonovich 97

Lespinasse, Julie de 42-49, 154
Lloyd, Martha 88
Ludwig XIV. (König) 40
Ludwig XV. (König) 109

Mansfield, Katherine 77, 91-98, 154

Maria Theresia (Kaiserin) 108-113, 155
Marie Antoinette (Königin) 108-113, 114 ff., 155
Marshall, Horace 143 ff.
Merian, Maria Sibylla 138-142, 155
Michelet, Jules 116
Montagu, Mary Wortley, Lady 78-82, 155
Murry, John Middleton 93, 96 f.
Musset, Alfred de 28, 55-62

Němcová, Božena 63-66
Němec, Josef 63 f.
Nicholson, Harold 68

Pagallo, Pietro 28, 57 ff.
Pascal, Blaise 135
Plath, Sylvia 155

Rieckhoff, Hannes 9 f.
Rilke, Rainer Maria 33
Rimbaud, Arthur 136
Rinser, Luise 106
Roland de la Platière, Eudora 114 ff.
Roland de la Platière, Manon Jeanne (geb. Philipon) 114-117
Rousseau, Jean-Jacques 44, 48, 83, 114, 136

Sackville-West, Vita 147, 155
Sand, George (d. i. Aurore Dupin) 28, 34, 55-62, 154
Schelling, Friedrich Wilhelm Joseph 50-54
Schlegel, August Wilhelm 51 f., 54
Schlegel, Caroline 50-54, 154
Schopenhauer, Adele 118 f., 155
Schopenhauer, Arthur 12, 118-124, 155
Schopenhauer, Johanna 12, 118-124, 155
Schumann, Clara (geb. Wieck) 11, 15
Schumann, Robert 11, 15
Scudéry, Madeleine de 36
Sévigné, Marie, Marquise de (geb. de Rabutin-Chantal) 35-41, 42, 78 f., 106, 154
Sher-Gil, Amrita 148-153, 155
Spoo, Angela 136

Tschechow, Anton 14

Volckamer, Johann Georg 140
Voltaire (d. i. François-Marie Arouet) 78, 105

Wied, Thekla Carola 9 f.
Woolf, Leonard 68, 72, 97
Woolf, Virginia 32, 36, 67-73, 77, 91-97, 155
Wollstonecraft, Mary 26 ff.
Wordsworth, Dorothy 97

Zwetajewa, Marina Iwanowna 129-133

Bildnachweis

akg-images, Berlin: Seite 8 (Erich Lessing), 37 links, 38, 71 oben, 100, 103, 111 unten, 122, 130 oben, 141
The Art Archive, London: 1
Artothek, Weilheim: Umschlagabbildung, 134, 138 (Hans Hinz)
Jane Austen Memorial Trust, Chawton: 87 oben
Bildarchiv Preußischer Kulturbesitz, Berlin: 50 links, 99, 108
The Bridgeman Art Library, Berlin: 7 oben, 13 rechts, 16, 27, 37 rechts, 45, 47, 54, 55, 57 rechts, 59, 71 unten, 74, 78, 83, 89, 107, 111 Mitte, 114, 127, 146, Umschlagrückseite oben links und Mitte, Umschlagrückseite unten
The British Library, London: 30 oben, 156 oben
Klassik Stiftung Weimar: 118
National Gallery of Modern Art, Neu Delhi: 151
National Portrait Gallery, London: 67
Österreichische Nationalbibliothek, Wien: 111 oben
picture-alliance, Frankfurt am Main: 63
Privatarchiv Vivan und Navina Sundaram, Neu Delhi: 148, 152
Trustees of the Chatsworth Settlement, Chatsworth: 104
Alexander Turnbull Library, National Library of New Zealand, Wellington: 92
ullstein bild, Berlin: 13 links, 15, 20, 23, 35, 42, 50 rechts, 57 links, 81, 87 unten, 91, 95, 116, 121, 125, 129, 143, Umschlagrückseite oben rechts

Alle weiteren Abbildungen stammen aus Privatbesitz oder aus dem Archiv des Insel Verlags.